Anselm Grün
Hagen Binder

Kreuz
als Weg zum
Inneren
Raum

Anselm Grün
Hagen Binder

Kreuz
als Weg zum
Inneren
Raum

Bilder und Meditationen

Vier-Türme-Verlag

Bibliographische Information der Deutschen Nationalbibliothek

Die Deutsche Nationalbibliothek verzeichnet diese Publikation in der Deutschen Nationalbibliographie. Detaillierte bibliographische Daten sind im Internet über http://dnb.d-nb.de abrufbar.

1. Auflage 2016
© Vier-Türme GmbH, Verlag, Münsterschwarzach 2016
Alle Rechte vorbehalten

Gestaltung: Dr. Matthias E. Gahr, Hagen Binder
Druck und Bindung: Benedict Press, Vier-Türme GmbH, Münsterschwarzach
ISBN 978-3-89680-973-5

www.vier-tuerme-verlag.de

INHALT

Annäherung

Meditationen

INHALT

Geleitwort

ANNÄHERUNG

Das Kreuz als Durchgang
zum inneren Raum

Der Lebensweg des Menschen ist ein Weg fortwährenden Reifens. Das Ziel dieses Reifens ist, immer mehr in die Gestalt hinein zu wachsen, die Gott sich von jedem von uns gemacht hat. Auf diesem Weg erfahren wir immer wieder, wie wir zum Anhalten gezwungen werden. Unsere vorgedachte, unsere gewünschte, unsere geplante Richtung wird durchkreuzt. Urplötzlich stürzen wir dabei in eine tiefe Krise, in Ratlosigkeit und Enttäuschung, manchmal auch in Verzweiflung. In diesen Momenten spüren wir das Kreuz als Last und als Durchkreuzung unseres Lebens. Dann sind wir unfähig, das Kreuz, das wir selbst sind, anzunehmen, oder fühlen uns zu schwach, um das uns durch das Schicksal auferlegte Kreuz zu tragen. Wir wissen nicht, wo wir unsere Kreuze ablegen können. So fallen wir in ein tiefes Loch, auf einen uns unbekannten Grund und suchen verzweifelt einen Ausweg aus dieser hoffnungslosen Situation.

Auf diese Erfahrung möchten die vorliegenden Bilder und Texte eine Antwort geben. Sie wollen die heilende Wirkung des Kreuzes für den Lebensweg des Menschen aufzeigen, indem sie das Kreuz als »Durchgang« zu unserem inneren Raum, zu unserem ganz persönlichen Lebensgrund darstellen. Das Kreuz will uns nicht in das dunkle Loch fallen lassen, sondern durch das Dunkle hindurch in den inneren Raum der Seele führen. Dort ist es möglich, dass wir eine Ahnung vom Geheimnis unseres Lebens und unserer Beziehung zum Göttlichen in uns bekommen. In diesem Raum kann unsere Sicht auf das Geschehene verwandelt werden, unsere Wunden, die uns das Kreuz geschlagen hat, können in Perlen verwandelt werden, wie Hildegard von Bingen es ausdrückt. So eröffnet sich uns die Möglichkeit, neues Vertrauen und neue Hoffnung zu schöpfen. Dieses Buch möchte Ihnen, liebe Leserin, lieber Leser, das Vertrauen vermitteln, dass alles, was Ihr Leben durchkreuzt, Sie nicht ins Loch fallen lässt, sondern Sie hindurch führen möchte in den inneren Raum, in dem Gott selbst in Ihnen wohnt, in den inneren Raum voller Liebe und Licht.

Das Kreuz und der innere Raum – das sind zwei wesentliche Themen meiner Theologie und Spiritualität. Schon vor über vierzig Jahren habe ich meine Doktorarbeit über das Kreuz geschrieben. Damals war mir die Frage nach der Erlösung wichtig gewesen, mehr die Frage also, wie der Tod Jesu am Kreuz uns erlösen kann. Nach und nach habe ich mich dann immer mehr mit der heilenden Wirkung des Kreuzes als Bild und Symbol beschäftigt. Dabei hat mich vor allem das Bild des Kreuzes als Umarmung berührt. Jesus sagt im Johannesevangelium, dass er vom Kreuz herab alle an sich ziehen wird. (Vgl. Joh 12,32) Das ist für mich ein Symbol: Wenn ich auf das Kreuz schaue, stelle ich mir vor: Christus, der ausgestreckt am Kreuz ist, umarmt mich mit meinen Gegensätzen, aber auch mit meinen Verletzungen und Wunden. Diese Umarmung vermag mich zu heilen.

Das Thema »Innerer Raum« wiederum bewegt mich, seit ich Ende der sechziger Jahre angefangen habe, zu meditieren. Dabei hat mich vor allem Graf Dürckheim geprägt, der davon sprach, im Ausatem in den Grund der Seele zu gelangen. Er sagte öfter: »Der wichtigste Punkt ist der Augenblick zwischen Ausatem und Einatem. Da geht es um Leben und Tod. Da geht es darum, sein Ego loszulassen.«

Nur wenn wir unser Ego loslassen, erahnen wir den inneren Raum jenseits aller Gedanken und Bilder, den inneren Raum des reinen Schweigens, in dem sogar die eigenen Kommentare zu unserer spirituellen Erfahrung verklingen. In diesem inneren Raum der Stille sind wir selbst still geworden, da verstummen alle Bewertungen und Beurteilungen. Da ist reines Sein, ohne dass es sich rechtfertigen muss, da wird die Erfahrung sichtbar, die Angelus Silesius in das einfache Bild fasste: »Die Rose blüht, weil sie blüht.«

Der Architekt und Künstler Hagen Binder wurde durch die Begegnung mit mir bei einem Kurs vor zwanzig Jahren und dann später durch meine Bücher in besonderem Maße berührt von diesen zwei großen Themen des Menschseins und Reifens – vom Kreuz, das unser Leben mitbestimmt und symbolisiert, und vom inneren Raum als Grund unseres Seins und unserer Sinnfindung. Seit langer Zeit setzt er sich daher mit deren bildhaften Formulierungen auseinander. So sind in verschiedenen Phasen Bilder entstanden, die sich thematischen Zyklen zuordnen lassen.

In Gesprächen zwischen Hagen Binder und mir ist dann der Gedanke gereift, ein gemeinsames Meditationsbuch zu gestalten, ein Buch, das die Leser mit hineinnehmen will in die persönlichen Betrachtungen und Meditationen der Verfasser. Hagen Binder hat nicht nur die betreffenden Bilder gemalt, sondern auch am Text mitgearbeitet, den ich geschrieben habe. Bilder und Worte wollen sich ergänzend dem Geheimnis von Kreuz und innerem Raum annähern und so als Begleiter für die jeweils ganz persönliche Meditation der Leser dienen. Sie wollen Wegbegleiter sein vor allem für all die, die belastet sind, für all die, die Halt, Sinn und Beheimatetsein suchen, aber auch für all die, die in den tieferen Grund in sich hineinspüren wollen.

Das Buch weist einen inneren Weg auf, doch die Leser und Leserinnen können sich auch auf einzelne Betrachtungsthemen oder Betrachtungszyklen konzentrieren. Insgesamt geht es um eine Betrachtung, die hinleiten möchte zur Erfahrung des Gehaltenseins und des Geführtwerdens, zur Stärkung des Vertrauens, zum Perspektivwechsel in Momenten der Krise und damit zur inneren Heilung von Verwundungen und Enttäuschungen, von all dem, was »durchkreuzt«.

Die Botschaft des Kreuzes

Dass Jesus am Kreuz gestorben ist, ist eine historische Tatsache. Aber dass in ihm Gottes Sohn für uns gestorben ist, das ist ein Geheimnis, das wir wohl nie ganz verstehen werden. Gott ist in Jesus in unsere menschliche Geschichte hinabgestiegen, hat sich in die politischen und religiösen Kämpfe einer geschichtlichen Epoche hineinbegeben. Er hat sich nicht gegen die Macht der Römer gewehrt, die ihn ans Kreuz geschlagen haben. Das ist ein Paradox und eine Herausforderung an unser Gottesbild. Gott ist nicht nur der Ferne. Er ist herabgestiegen in unsere Welt, die eben eine Welt voller Gewalt ist. Aber gerade indem Gott in Jesus sich dieser Gewalt ausgesetzt hat, hat er sie von innen heraus entmachtet und verwandelt.

Die Tatsache, dass Jesus am Kreuz selbst seinen Mördern vergeben hat, hat eine geschichtliche Wirkung erzeugt, von der wir heute noch leben. Der Evangelist Lukas gilt der Legende nach als Maler. Er hat uns ein Bild des Kreuzes gemalt, das uns verwandelt, wenn wir es anschauen. Lukas beschreibt die Kreuzigung als Schauspiel. Wer das Schauspiel anschaut, wird dadurch verwandelt: »Und alle die zu diesem Schauspiel herbeigeströmt waren und sahen, was sich ereignet hatte, schlugen sich an die Brust und gingen betroffen weg.« (Lk 23,48) Dieses Schauspiel ist ein Bild, das wir anschauen. Wenn wir darauf schauen, dass Jesus seinen Mördern am Kreuz vergibt, dann dürfen wir vertrauen, dass es nichts in uns gibt, was Gott nicht vergibt. Dann können wir uns bedingungslos angenommen und geliebt fühlen. Wenn wir schauen, wie Jesus dem zu seiner Rechten gekreuzigten Verbrecher zuspricht: »Heute noch wirst du mit mir im Paradies sein.« (Lk 23,43), dann verstummen in uns alle Selbstvorwürfe und Verdammungsängste. Und wenn wir schauen, wie Jesus mit einem vertrauensvollen Gebet: »Vater, in deine Hände lege ich meinen Geist.« (Lk 23,46) stirbt, verwandelt das unser eigenes Sterben. Unser Tod verliert seinen Schrecken, wenn wir uns sterbend in Gottes gute und barmherzige Hände fallen lassen.

Auch für den Apostel Paulus war das Kreuz das zentrale Geheimnis des christlichen Glaubens, den Juden »ein Ärgernis«, den Griechen »Torheit«, für uns aber »Gottes Kraft und Gottes Weisheit« (1 Kor 1,24). Für Paulus ist das Kreuz ein Bild dafür, dass wir bedingungslos geliebt sind. Zugleich sind am Kreuz alle Maßstäbe dieser Welt durchgestrichen. Die Welt wird uns am Kreuz gekreuzigt, das heißt, sie verliert ihre Macht über uns. Wir definieren uns nicht mehr über Erfolg und Anerkennung, sondern wir leben aus der Liebe Christi, die am Kreuz am sichtbarsten aufgestrahlt ist. Wir werden wohl nie zu Ende kommen, das Geheimnis des Kreuzes zu verstehen.

Das Kreuz als Symbol

Das Kreuz verweist uns aber nicht nur auf den Tod Jesu. Es ist schon vor Christus ein wichtiges religiöses Symbol gewesen, eines, in dem uns das Geheimnis der Schöpfung gedeutet wird. Ein derartiges Verständnis findet sich etwa bei indigenen Völkern Lateinamerikas, und bereits für Platon ist das »Chi« (bei uns das Andreaskreuz) in den Kosmos eingezeichnet. Seit jeher verweist das Kreuz als kosmisches Symbol auf den Segen Gottes in der Schöpfung. Die Schöpfung lehrt uns, dass alles Sein im Werden begriffen ist, unser äußeres Sein wie auch unser inneres Sein. Dieser Weg des Werdens ist ein Weg des Reifens in der Welt. Er führt durch alle Tiefen und Höhen des Lebens. Dabei wird unser Erdenweg immer wieder »durchkreuzt« durch Fragen und Geschehnisse des täglichen Lebens, durch Krankheit, Verletzungen, Enttäuschungen, Trauer und Verzweiflung. Das Kreuz zeigt uns, wie wir auf diese Erfahrungen reagieren und antworten können.

Schon in der Frühzeit des Menschen entstand das Kreuz als Symbol für das Eingespanntsein unserer Existenz in die gegensätzlichen Elemente und Richtungen unserer Welt; gleichzeitig ist es auch ein Zeichen des Menschen und seines äußeren wie inneren Ausgespanntseins in diese seine Welt. Wie stark wir mit dem Thema Kreuz in unserem täglichen Leben verbunden sind, zeigt uns allein das Leibliche, oft integriert in einen weiteren Zusammenhang: Das Kreuz trägt nicht mehr, Kreuzschmerzen als Antwort der Seele, das Kreuzbein, da wo sich im Körper zwei Richtungen kreuzen, der Kreuzungspunkt als Ort des Richtungssuchens, des Perspektivwechsels.

Für den Schweizer Psychologen Carl Gustav Jung ist das Kreuz auch ein Symbol für Ordnung: »Das Kreuz bedeutet Ordnung gegenüber dem Ungeordneten beziehungsweise Chaotischen der gestaltlosen Volksmenge. Es ist in der Tat eines der ursprünglichsten Ordnungssymbole. Im Bereiche der psychischen Vorgänge hat es ebenfalls die Funktion eines ordnungserzeugenden Mittelpunktes.« (Jung: Gesammelte Werke 11, 310) Jung versteht das Kreuz, ähnlich wie die Kirchenväter, als kosmisches Symbol der Einheit aller Gegensätze. Im Kreuzungspunkt der Balken, in der Mitte des Kreuzes kommt alles Gegensätzliche im Menschen zur Ruhe und so findet der Mensch zu seiner eigenen Mitte. Das Kreuz verbindet das Bewusste mit dem Unbewussten, es macht das Unstete fest und ermöglicht dem Menschen inmitten aller Konflikte einen festen Stand. Die Gedanken von C. G. Jung mögen vielleicht unterschwellig auch Pate gestanden haben für die Bilder von Hagen Binder, der das Kreuz manchmal als Last, manchmal als Ordnungssymbol und dann als Schlüssel zum inneren Raum darstellt.

Das Kreuz als Bild des Menschen

Das Kreuz ist nicht nur ein Bild für den Kosmos, sondern auch für den Menschen. Der Mensch ist kreuzförmig gebildet – so haben es schon die Kirchenväter wahrgenommen. Wenn der Mensch die Arme ausbreitet, bildet er das Kreuz, verbindet im Stehen Himmel und Erde und greift zugleich mit den Armen in die Welt hinein. Er umarmt gleichsam die ganze Welt. In dieser Gebärde können wir auch spüren, dass wir als Menschen den Kosmos in uns tragen. Alles, was im Kosmos ist, ist auch in uns, und in der Kreuzgebärde umarmen wir das alles. Das gibt unserem Leben Weite und Freiheit. Aber die Kreuzgestalt geht noch weiter: auch unser Gesicht ist kreuzförmig. Es wird von der Nase geteilt und gipfelt in der Stirn gleichsam als Querbalken. Das Kreuz als Bild des Menschen hat Karl Rahner in einer sehr einfühlsamen Meditation beschrieben:

»Wie sähe wohl das Bild des Menschen aus, das gerade dies zeigt, was er ist und sich zu sein weder eingestehen will noch zu sein bereit ist? Es müsste das Bild eines Sterbenden sein. Denn wir wollen ja nicht sterben und sind doch so dem Tode ausgeliefert, dass er als die unheimliche Macht schon alles im Leben durchwaltet. Der Sterbende müsste hängen zwischen Himmel und Erde. Denn wir sind weder da noch dort ganz zu Hause, weil der Himmel fern und die Erde auch keine zuverlässige Heimat ist. Er müsste allein sein. Denn wenn es auf das Letzte ankommt, haben wir den Eindruck, dass sich die andern scheu und verlegen empfehlen (weil sie ja schon mit sich nicht fertig werden) und uns allein lassen. Der Mensch auf dem Bild müsste wie gepfählt sein durch eine Horizontale und eine Vertikale. Denn der Schnittpunkt zwischen der in Breite alles umfassenwollenden Horizontale und der steil nach oben das alleinige Eine exklusiv wollenden Vertikale geht mitten durch das Herz des Menschen und zerschneidet es. Er müsste festgenagelt sein. Denn unsere Freiheit auf dieser Erde mündet aus in die Notwendigkeit der Not. Er müsste ein durchbohrtes Herz haben. Denn am Ende hat sich alles in einen Speer verwandelt, der unser letztes Herzblut verrinnen lässt. Er müsste eine Dornenkrone tragen. Denn die letzten Schmerzen kommen vom Geist, nicht vom Leib.« (Rahner: Seht, welch ein Mensch!)

Unser Leben als Kreuzweg

Der christliche Glaube verbindet das Kreuz in besonderer Weise mit dem Leidensweg Christi und seiner Bedeutung für uns Menschen. Zentriert zeigt sich dies in der geistlichen Tradition des Kreuzwegs. Seit dem Mittelalter meditieren Christen den Kreuzweg Jesu. Sie schreiten ihn ab, um in den vierzehn Stationen die eigenen Leidenserfahrungen wiederzufinden und zugleich eine Verwandlung und Heilung ihrer Wunden zu erleben. Diese vierzehn Kreuzwegstationen sind archetypische Stationen, die wohl jeder Mensch mehr oder weniger in seinem Leben durchmacht. Unser Lebensweg ist ein Kreuzweg, der über die Verurteilung, die Verspottung, die Entblößung, das Fallen und Festgenageltwerden und Sterben zur Auferstehung führt. Wir meditieren im Kreuzweg unser eigenes Leben, gehen ihn in der Hoffnung, dass er wie der Weg Jesu ins Licht und zum Leben führt. Aber auch einen Weg, der durchkreuzt wird von Leiderfahrungen oder von Geschehnissen, die uns von außen widerfahren, bezeichnen wir als Kreuzweg.

Darüber hinaus ist der Kreuzweg gleichfalls der Scheideweg. Die Griechen kennen die Sage von Herakles am Scheideweg. Herakles muss sich entscheiden – er entscheidet sich für die Tugend und gegen das Vergnügen. In allen Kulturen ist der Scheideweg ein bedeutsamer symbolischer Ort. Er kann den Übergang zu einer neuen Lebensphase oder auch vom Leben zum Tod bedeuten. Daher wurden an Weggabelungen oft Altäre oder Steine, in christlicher Tradition oft Kreuze oder Madonnen aufgestellt oder kleine Kapellen errichtet.

Der Scheideweg ist vom Symbolgehalt her der Tür verwandt. Von daher ist es naheliegend, die beiden Bilder von Kreuz und innerem Raum miteinander zu verbinden. Das Kreuz ist die Tür zum inneren Raum, es symbolisiert den Weg des Menschen zu seiner Reifung, zu seiner inneren Mitte.

Der Kreuzweg als Weg des Leidens und Mitleidens führt uns durch alle Stationen unseres Lebens hindurch immer mehr in den inneren Raum auf den Grund unserer Seele. Das Kreuz bricht uns auf für unser wahres Selbst, für den Raum in der Tiefe unserer Seele, in der das unverfälschte und unberührte Bild Gottes in uns aufleuchtet.

Unser Kreuz tragen

Noch eine andere Symbolik verbinden wir mit dem Kreuz. An einigen Stellen im Evangelium spricht Jesus vom Kreuztragen seiner Jünger: »Wer mein Jünger sein will, der verleugne sich selbst, nehme sein Kreuz auf sich und folge mir nach.« (Mt 16,24) Oder an anderer Stelle: »Wer nicht sein Kreuz trägt und mir nachfolgt, der kann nicht mein Jünger sein.« (Lk 14,27) Zuvor schon erklärt Jesus im Lukasevangelium, wir sollen täglich das Kreuz auf uns nehmen. (Lk 9,23)

Wenn wir heute vom Kreuztragen sprechen, davon, dass dieser oder jener ein schweres Kreuz zu tragen hat, dann meinen wir: Ihn hat ein großes Leid getroffen, das er ertragen muss. Das mag ganz unmittelbar für ihn selbst gelten oder aber eher indirekt, wenn er vielleicht verheiratet ist mit einem Partner, der Krebs hat oder psychisch krank ist. Oft genug meinen wir, dass Gott uns dieses Kreuz geschickt oder aufgeladen hat. Aber mit dieser Deutung sollten wir vorsichtig sein. Es ist einfach ein Kreuz, das uns trifft, und wohl in jedem Leben gibt es solche Kreuze, die für uns zur Last werden. Sie können uns niederdrücken, aber wenn wir sie im Geiste Jesu tragen, können sie auch zum Durchbruch werden. Wir werden nach unten gedrückt, um in der Tiefe unserer Seele den inneren Raum zu erahnen, der ohne Last ist, der ein Raum der Freiheit und des Lichtes und der Liebe ist.

C. G. Jung hat dem Kreuztragen von seiner Psychologie her eine andere Bedeutung gegeben. Er meint, das Kreuz auf sich nehmen heiße vor allem, die eigene Gegensätzlichkeit in sich anzunehmen. Und das ist durchaus eine Last. Das Symbol des Kreuzes spielt bei Jung eine wichtige Rolle auf dem Weg der eigenen Menschwerdung. Indem der Mensch seine Gegensätze annimmt, führt ihn der Weg des Kreuzes immer mehr in seine eigene Mitte, zu seinem wahren Selbst. Das Kreuz ist für Jung ein Symbol, ein archetypisches Bild, das die Kraft dafür in sich hat. Die Symbole und archetypischen Bilder – so sagt er – treten immer dann auf, wenn das Ich in eine Sackgasse gerät. Indem die Archetypen das Ich mit dem unbewussten Seelenhintergrund verbinden, führen sie es zum fruchtbaren Quell in seinem Inneren zurück und erneuern von daher sein Leben. Die Archetypen zeigen nicht nur den Weg der Selbstwerdung an, sondern sie sind wirksame Bilder, die den Menschen innerlich auf den Weg bringen zu seinem wahren Selbst, die ihn also in den inneren Raum der Stille führen, in dem das wahre Selbst des Menschen unverfälscht aufleuchtet.

Für Jung ist das Kreuz außerdem ein Bild für das Leiden, das jeden Menschen irgendwann trifft. Das Leiden ist das

Tor, durch das der Mensch treten muss, will er sich seiner selbst bewusst werden. Das Leiden rührt vor allem daher, dass der Mensch sich in seiner Gegensätzlichkeit annehmen muss, die ihn manchmal zu zerreißen droht. Wer sich auf den Weg zur Ganzwerdung begibt, der erfährt, wie er von inneren Gegensätzen durchkreuzt wird, vom Gegensatz von Licht und Dunkel, von gut und böse, von bewusst und unbewusst, von männlich und weiblich. Jung schreibt: »Wer immer sich auf dem Wege zur Ganzheit befindet, kann jener eigentümlichen Suspension, welche die Kreuzigung darstellt, nicht entgehen. Denn er wird unfehlbar dem begegnen, was ihn durchkreuzt, nämlich erstens, dem, was er nicht sein möchte (Schatten), zweitens dem, was nicht er, sondern der andere ist (individuelle Wirklichkeit des Du), und drittens dem, was sein psychisches Nicht-Ich, nämlich das kollektive Unbewusste ist.« (Jung: Gesammelte Werke 16,280)

Weil der Mensch von Gegensätzen hin- und hergerissen wird, ist er sich selbst ein Kreuz, kann er dem Kreuz als Leiden nicht ausweichen. Doch das Kreuz führt ihn durch das Leiden in den Grund seiner Seele, in den inneren Raum, zu dem das Leiden keinen Zutritt mehr hat. Wir möchten den Weg zu diesem inneren Raum lieber über angenehmere Wege erreichen, doch die Erfahrung – so meint Jung – zeigt, dass wir normalerweise nur durch das Kreuz dorthin Raum gelangen.

Die Botschaft des
inneren Raumes

Das Symbol des inneren Raumes

Über den inneren Raum habe ich immer wieder geschrieben. Ich spüre, dass das Bild des inneren Raumes, zu dem die Sorgen und Nöte, die Ansprüche und Erwartungen der Menschen keinen Zutritt haben, viele anrührt. Sie fragen zwar immer wieder, wie sie diesen inneren Raum erfahren können, aber indem sie fragen, deuten sie schon an, dass sie eine Ahnung davon in sich tragen.

Das Bild des inneren Raumes ist nicht meine Erfindung. Ich greife die mystische Tradition des Christentums auf. Schon Evagrius Ponticus, im 4. Jahrhundert ein Mönch der ägyptischen Wüste, spricht vom »Ort Gottes«, von dem Ort, an dem Gott in uns wohnt. Dieses Wort übernimmt er aus Exodus 24,10: »Und sie sahen den Gott Israels. Die Fläche unter seinen Füßen war wie mit Saphir ausgelegt und glänzte hell wie der Himmel selbst.« In der griechischen Übersetzung des Alten Testamentes ist an jener Stelle vom »Ort Gottes« die Rede, und darauf bezieht sich Evagrius, wenn er schreibt: »Wenn ein Mensch den alten Menschen abgelegt und den neuen Menschen angezogen hat, der eine Schöpfung der Liebe ist, dann wird er zur Stunde des Gebetes erkennen, wie sein Zustand einem Saphir gleicht, der klar und hell wie der Himmel leuchtet. Mit dem Ausdruck ›Ort Gottes‹ meint die Schrift genau diese Erfahrung. Unsere Vorfahren, die Ältesten, haben ihn am Berg Sinai gesehen.« (Ponticus: Briefe aus der Wüste 39)

Das reine Gebet, wie es Evagrius versteht, führt uns zur wunderbaren Erfahrung eines inneren Lichtes, von dem jener Ort Gottes, der in uns ist, erfüllt ist. Dieses innere Licht leuchtet immer wieder in den Bildern von Hagen Binder auf, mitten auf unserem Kreuzweg und gerade dort, wo der Kreuzungspunkt liegt. Das Kreuz ist für die frühen Mönche ja zum Inbegriff des Gebetes geworden. Es bricht uns genau wie das Gebet auf für den inneren Ort, an dem wir das wunderbare Licht der Seele, und letztlich das Licht Gottes in uns schauen dürfen.

Evagrius nennt diesen inneren Ort auch »Jerusalem«, das mit »Schau des Friedens« übersetzt werden kann. (Ponticus: Briefe aus der Wüste 39). Der innere Raum ist für ihn ein Raum, in dem der Friede wohnt, in dem wir im Einklang sind mit unserem wahren Wesen. Künstler der frühen Christenheit haben das himmlische Jerusalem oft auf die Apsis der Kirchen gemalt, um alle Gottesdienstbesucher an die himmlische Stadt, an den Tempel in der eigenen Seele zu erinnern.

Für diesen inneren Raum der Stille haben die Mystiker immer wieder neue Bilder geprägt. Katharina von Siena spricht von der »inneren Zelle«, in der sie mit Gott allein ist. Meister Eckehart spricht von »scintilla animae«, vom »Seelenfünklein«, Johannes Tauler vom »Seelengrund« und Teresa von Ávila beschreibt das »innerste Gemach der Seelenburg«, in das wir durch die Meditation eintreten dürfen, um mit Gott allein zu sein. Wir können von diesem inneren Raum nur in Bildern sprechen.

Das Erfahren des inneren Raumes –
Anleitung zur Meditation

Oft lade ich am Ende meiner Vorträge die Zuhörer dazu ein, diesen inneren Raum der Stille zu erspüren. Ich lade sie cin, die Hände über der Brust zu kreuzen. Das ist einmal die Gebärde der Umarmung. Nur wenn wir uns mit unseren Gegensätzen und mit unseren Wunden annehmen, können wir tiefer gelangen bis zum Grund unserer Seele. Mit den gekreuzten Armen nehmen wir aber nicht nur unsere Gegensätze in uns an: Wir schließen auch die Tür, um den inneren Raum zu schützen. Dann lege ich dar, wie wir diesen inneren Raum auf fünffache Weise erleben können:

1. In diesem inneren Raum der Stille erfahren wir uns als frei von allen Urteilen und Beurteilungen, von allen Erwartungen und Wünschen der Menschen. Zu diesem Raum haben diejenigen, die ständig etwas von uns wollen, keinen Zutritt.

2. Wir sind dort heil und ganz. Verletzende Worte können uns nicht erreichen. Auch die tiefen Wunden unserer Lebensgeschichte vermögen diesen inneren Raum nicht zu verwunden. Ich erlebe oft Ehepaare, die sich aufgerieben haben. Da brauchen sie den inneren Raum der Stille als einen Zufluchtsort, an den sie flüchten können vor den Verletzungen, in dem sie sich geborgen und heil fühlen.

3. Wir sind dort ursprünglich und authentisch, eins mit dem ursprünglichen Bild, das Gott sich von jedem von uns gemacht hat. Ursprünglich sein, einfach nur sein, reines Sein erleben, das ist letztlich auch eine tiefe Gotteserfahrung, denn Gott ist das reine Sein. Wenn wir einfach nur sind, ohne uns zu rechtfertigen oder zu verteidigen, dann erleben wir etwas vom reinen Sein Gottes.

4. Wir sind dort im inneren Raum rein und klar. In diesen inneren Raum der Stille vermag auch die Schuld nicht einzudringen. Und auch die ständigen Selbstbeschuldigungen, mit denen wir uns manchmal zerfleischen, haben da keinen Platz. Wir kommen zur Ruhe, weil wir aufhören, uns Vorwürfe zu machen.

5. In diesem inneren Raum der Stille, in dem das Geheimnis Gottes in uns wohnt, können wir bei uns selbst daheim sein. Denn daheim sein können wir nur, wo das Geheimnis wohnt, etwas, was größer ist als wir selbst.

Die Botschaft der Bilder

Hagen Binder, Architekt und Künstler, hat sich von diesen beiden Themen – Kreuz und innerer Raum – meditativ in seinen Bildern leiten lassen. Wir haben aus den vielen Bildern, die er zu diesem Thema gemalt hat, 21 ausgewählt. 21 ist drei mal die Sieben, und Sieben ist unter anderem die Zahl der Verwandlung. Die sieben Sakramente etwa wollen unser Leben immer mehr mit dem Geist Jesu erfüllen und uns verwandeln. Die Drei steht für die drei Bereiche des Menschen: für Leib, Seele und Geist – oder wie es das Enneagramm beschreibt – für die Bereiche von Kopf, Herz und Bauch. Alle diese Bereiche wollen durch das Kreuz verwandelt werden. Indem wir die 21 Werke anschauen und meditieren, geschieht schon Verwandlung. Ihr Ziel ist es, dass wir mehr und mehr wir selbst werden, das einmalige Bild werden, das Gott sich von uns gemacht hat.

Immer wieder hat Hagen Binder in seinen Bildern die beiden Symbole von Kreuz und innerem Raum aufgegriffen und miteinander verbunden. Zunächst scheinen diese beiden Bilder ein Gegensatz zu sein. Kreuz ist mehr ein Weg, den wir gehen sollen, oder eine Last, die wir zu tragen haben. Kreuz symbolisiert mehr die Anstrengung. Der innere Raum ist dagegen ein Symbol für das Ruhen, für einen Ort. Zwischen beidem jedoch ist eine Verbindung erkennbar. Das Kreuz zerbricht unsere Bilder, die wir von uns gemacht haben, um uns mit dem ursprünglichen Bild in Berührung zu bringen, um uns in diesen inneren Raum zu führen, in dem alle Bilder von uns sich auflösen und wir reines Sein werden. Der Schlüssel, der uns die Tür aufschließt zum Ort reinen Schweigens, ist das Kreuz.

Der Künstler interpretiert die Verbindung von Kreuz und innerem Raum folgendermaßen: »Die vertikale Achse des Kreuzes steht für Erde und Himmel, für Irdisches und Göttliches. Sie symbolisiert unseren inneren, geistigen Lebensweg. Die horizontale Achse kann als Wegstrecke für unseren äußeren Lebensweg stehen, für Vergangenheit und Zukunft, Anfang und Ende. Der Kreuzungspunkt dieser beiden Achsen ist ein ganz besonderer Ort. Er zeigt sich als das Jetzt, die Gegenwart, als Schwelle und als Tor auf dem Weg zu unserem inneren Raum. Hier können wir die Ganzheit unseres Seins ahnen.«

Wie das Kreuz auf unsere Sehnsucht nach Verwandlung antwortet, so antwortet der innere Raum der Stille auf unsere Sehnsucht nach Heimat und Geborgenheit. Der Philosoph Otto Friedrich Bollnow hat in seinem Buch »Mensch und Raum« beschrieben, dass der Mensch nicht nur ein zeitverfasstes, sondern auch ein raumverfasstes Wesen ist. Er schafft sich in geheimnisvoller Weise den Raum und steht zugleich mitten in ihm. So existieren wir im Raum, der wiederum uns formt.

Der Künstler interpretiert es so: »Der Raum steht als Symbol für unsere Suche nach Geborgenheit im Hiersein. Im Schoß der Mutter gewachsen, ist für uns der Raum wie ein Gefäß, in dem sich unser Leben sicher und möglichst geschützt vollziehen kann. Er ist immer die Antwort auf unsere Suche nach Heimat und Sinn. So ist es auch im Besonderen der ›innere Raum‹, der geheimnisvolle Raum, in dem auch unsere Seele beheimatet ist, in dem all die Emotionen wie Liebe, Hoffnung und Sehnsucht ihren tiefen Grund haben, in dem wir den Sinn unseres Lebens ahnen können. Der innere Raum so als Spiegel des Himmels, des Gottverbundenen in uns.«

Die Bilder von Hagen Binder verbinden die beiden Symbole von Kreuz und innerem Raum in verschiedener Weise. Jedes Bild will uns einladen, es in uns eindringen zu lassen, uns selbst darin wiederzufinden, mit seiner Hilfe die eigene Kreuzstruktur und den inneren Raum der Stille in uns immer mehr zu entdecken und zu erfahren.

Die Worte, die ich zu den Bildern schreibe, wollen die Bilder nicht erklären, sondern dem Betrachter helfen, sie mit offenen Augen anzuschauen und sich selbst darin zu entdecken. Es geht mir nicht darum, die Deutung der Bilder festzulegen, sondern darum, den Betrachter einzuladen, seinen eigenen Augen zu trauen. Dann wird er das Kreuz als heilendes Symbol für seine innere Zerrissenheit erahnen und den inneren Raum der Stille als heiligen Raum erspüren, in dem er selbst heil und ganz ist, in dem mitten im Chaos seiner Seele ein Licht leuchtet, das auch das Dunkel des Alltags zu erhellen vermag.

MEDITATIONEN

Das Kreuz
führt uns in unseren
innersten Raum

Unser Kreuz
anschauen

Das Kreuz scheint oft schwer auf uns zu lasten. Wir verstehen das Kreuz nicht. Es ist dunkel und unbegreiflich, verfinstert unseren Blick auf das Dasein. Solche Erfahrungen macht wohl jeder in seinem Leben: Alles erscheint finster, drückend, belastend, hoffnungslos. Doch das dunkle Kreuz ist durchbrochen. Ein Spalt gräbt sich in die Dunkelheit des schwarzen Balkens. Das ist ein Hoffnungszeichen. Auch wenn das Kreuz noch so dunkel ist, es ist durchbrochen. In diesem Spalt leuchtet die Hoffnung auf Licht und Liebe auf.

Mich erinnert der Spalt an Jesus, der am Kreuz hängt. Indem am harten Holz sein Leib hängt, der voller Liebe ist, wird das Kreuz für uns aufgebrochen. Die Liebe, die im Gesicht Jesu aufleuchtet, ist stärker als die Dunkelheit des Kreuzes. Die Kirchenväter haben das Kreuz immer so verstanden, dass es uns aufbricht für Gott. Es durchschlägt unsere Dunkelheit und lässt das Licht aufleuchten.

Das dunkle und dicke schwarze Kreuz auf dem Bild ist für mich Symbol für die Verwandlung unserer Depression. In der Depression haben wir oft das Gefühl, in einem dunklen Loch zu sitzen, in das kein Lichtstrahl fällt. Das Bild von Hagen Binder will uns das Vertrauen schenken: Auch in unserer Depression gibt es einen Spalt, durch den das Licht Christi eindringen kann. Es gibt keine Hoffnungslosigkeit, die nicht von diesem kleinen Spalt des Lichtes durchbrochen wird.

Wir schauen auf unsere Finsternis und auf unsere Verzweiflung. Doch mitten in der Verzweiflung werden wir eine Ahnung von Vertrauen finden. So hat es Friedrich Nietzsche erfahren, wenn er sagt: »Wo Verzweiflung und Sehnsucht sich paaren, da ist Mystik.«

Dort, wo wir unsere Verzweiflung zulassen, wo wir die Dunkelheit des Kreuzes annehmen, werden wir mitten in der Verzweiflung einen Funken Hoffnung, und mitten in der Finsternis einen Spalt Licht entdecken. Und wenn mitten in der Dunkelheit ein Licht aufleuchtet, ist die ganze Dunkelheit verwandelt.

Ich schaue auf das Kreuz
und erkenne mich selbst darin.
Ich lasse alles Dunkle,
Abgründige, Chaotische,
Hoffnungslose in mir zu.
Und dann lasse ich diesen Spalt
in meinen harten Kreuzesbalken
einbrechen und vertraue darauf,
dass das Licht mich in meiner
Hoffnungslosigkeit aufbricht
für die Hoffnung.

Der kreuzhafte
Mensch

Der Mensch ist sich selbst Kreuz; seine Gestalt ist kreuzförmig. In der Kunst hat man verschiedene Kreuzformen dargestellt. Da gibt es das gleichschenklige Kreuz, das auch das griechische Kreuz genannt wird, dann das lateinische Kreuz, bei dem der Querbalken kürzer und nach oben verschoben ist. Und gibt es das, seinen Namen von einem griechischen Buchstaben herleitende »Tau«-Kreuz in Form eines »T«. Es wird im Mittelalter auch das Antoniuskreuz genannt. Der Einsiedler Antonius hatte einen T-förmigen Krückstab. Das »Tau« erinnert auch an eine Stelle aus dem Buch Ezechiel: Gott schickt ein Strafgericht über die Stadt. Doch einem Mann, der ein leinenes Gewand anhatte, befiehlt Gott: »Geh mitten durch die Stadt Jerusalem und schreib ein T auf die Stirn aller Männer, die über die in der Stadt begangenen Greueltaten seufzen und stöhnen.« (Ez 9,4) Alle, die mit einem »Tau« bezeichnet werden, werden vor dem Strafgericht gerettet werden. Der Mann mit dem leinenen Gewand lässt uns an Christus denken, der mit seinem Kreuz auf unsere Stirn ein »Tau« zeichnet, um uns von allem Unheil zu schützen.

Auf diesem Bild ist das Kreuz als »Tau« gemalt. Der vertikale Balken teilt sich dabei in zwei Teile, dazwischen eröffnet sich ein Spalt. So gleicht der vertikale Balken zwei Beinen, die auf dem Boden stehen und den Querbalken tragen. Zwei Gedanken kommen mir, wenn ich dieses Bild betrachte: Einmal bin ich geschützt, wenn ich Ja sage zu meiner Kreuzstruktur. Gott – so waren die ersten Christen überzeugt – schützt uns durch das Kreuz Jesu Christi. Wenn wir seinem Kreuz ähnlich werden, sind wir aller Drangsal von außen enthoben. Da können von oben keine feindlichen Kräfte in uns einbrechen.

Clemens von Alexandrien hat das in seiner Auslegung der Geschichte von Odysseus, der sich am Schiffsmast anketten ließ, um sicher an der Insel der Sirenen vorbeifahren zu können, so ausgedrückt: »Fahre vorbei an dem Gesang, er bewirkt den Tod. Aber wenn du nur willst, so kannst du Sieger bleiben über das Verderben: angebunden an das Holz wirst du losgebunden sein von jeglichem Untergang.«

Der andere Gedanke: Gerade an unseren Kreuzungspunkten finden wir den Zugang zu unserem inneren Raum. Dort, wo der Querbalken auf dem vertikalen Balken liegt, öffnet sich ein Spalt. Dieser Spalt geht dann in die Tiefe. Er führt uns in die eigene Tiefe, in den Grund unserer Seele. Je tiefer wir aber kommen, desto heller wird es in uns. Auf dem Grund der Seele ist reines weißes Licht. Das Kreuz bricht uns auf, damit wir selbst den Aufbruch wagen in den eigenen Grund unserer Seele.

Ich stelle mich in Kreuzform hin.
Ich breite meine Arme waagrecht aus.
Dann erahne ich etwas vom Schutz,
den mir das »Tau« gibt.
Ich kann diese Haltung nur einnehmen,
wenn ich meine Füße etwas spreize,
denn sonst habe ich keinen Halt.
Indem ich so stehe,
spüre ich nicht nur den Halt,
sondern auch den Spalt,
durch den das Licht
in mich eindringen kann.

Unser Sein
im Kreuz

Das Kreuz teilt die Welt in die vier Himmelsrichtungen und es teilt auch unser Menschsein. Am Kreuzungspunkt begegnet unser äußerer Lebensweg unserem inneren Weg. Dort, wo die beiden Wege sich kreuzen, leuchtet weißes Licht auf. Wir können weder nur den einen, noch nur den anderen Weg gehen. Wenn wir nur den äußeren Weg verfolgen, verlieren wir uns in der Welt. Wenn wir nur den inneren Weg wählen, dann entziehen wir uns der Welt und unser Weg wird ohne Wirkung bleiben. Er wird zu unserem Privatvergnügen, das andere nicht mit auf den Weg nimmt.

Wo sich unser äußerer und innerer Weg kreuzen, erscheint ein heller Streifen. Das Kreuz bricht uns auf zu einer neuen Sicht unseres Lebens. Wir erkennen nun unseren Weg bewusster, wir sehen tiefer, etwas wird klar in uns. Der helle Streifen verdichtet sich auf der rechten Seite. Dort ahnen wir, dass in der Tiefe unserer Seele ein lichter und heller innerer Raum verborgen ist, in dem Gottes Licht alles Dunkle in uns erleuchtet. Das Kreuz bricht die harte Oberfläche auf, damit sie durchsichtig wird auf den inneren Raum hin, und wird – wie es auch die christliche Tradition sieht – zum Schlüssel, der uns die Tür dorthin aufschließt. So besingt es das alte Kreuzlied, das in Konstanz um das Jahr 1600 entstanden ist: »Du bist des Himmels Schlüssel, du schließest auf das Leben, das uns durch dich gegeben.« Das Kreuz ist der Schlüssel, der uns die Tür aufschließt zum Himmel in uns, zum inneren Raum des Lichtes, in dem Gott selbst in uns wohnt.

Ich betrachte mich selbst
in diesem Bild.
Dabei erkenne ich, dass alles
Dunkle in mir in einem
freundlicheren Licht erscheint.
Das Kreuz dringt gerade
in die Dunkelheit ein
und erhellt sie von innen her.
So spüre ich, dass sogar das
Dunkle in mir leuchtet.

Auf der
Kreuzesleiter

Hier wird ein anderes Bild aus dem Konstanzer Kreuzlied sichtbar: das Bild der Leiter. Das Kreuz ist eine Leiter, auf der wir hinauf und hinunter steigen können, zum Himmel hinauf und in die eigene Wirklichkeit hinab: »Du bist die sichre Leiter, darauf man steigt zum Leben, das Gott will ewig geben.« Auf dem Bild wird das Kreuz als Leiter sichtbar. Die Leiter erinnert uns an die Himmelsleiter, die Jakob im Traum sieht. Auf dieser Leiter steigen Engel auf und nieder. Jesus bezieht im Johannesevangelium dieses Bild auf sich: »Amen, amen, ich sage euch: Ihr werdet den Himmel geöffnet und die Engel Gottes auf- und niedersteigen stehen über dem Menschensohn.« (Joh 1,51) Christus als der Menschensohn leuchtet hier auf dem Bild in dem hellen gelben Licht auf. Er ist über uns und unter uns, er ist in uns und um uns. Die Leiter führt uns zu ihm, der über uns ist, und zu ihm, der auf dem Grund unserer Seele in dem inneren Raum der Stille wohnt. Und während wir die Leiter auf- und niedersteigen, umgibt uns das Licht Christi.

Dieses wärmende Licht steht für die Liebe, deren Vollendung für den Evangelisten Johannes das Kreuz ist: »Da er die Seinen liebte, liebte er sie bis zur Vollendung.« (Joh 13,1) Am Kreuz leuchtet diese Liebe am hellsten auf. So versteht Johannes das Kreuz Jesu als Verherrlichung. Die Schönheit der Liebe Gottes leuchtet am Kreuz auf, zugleich ist das Kreuz jedoch auch der

Weg in den inneren Raum der Liebe. Auf dem Grund unserer Seele ist ein Raum, der nicht einfach leer ist, sondern – wie es die christliche Tradition immer gesehen hat – erfüllt von Liebe. Diese ist dabei weniger ein Gefühl, als vielmehr eine Qualität des Seins. Der tiefste Grund allen Seins ist seit dem Tod Jesu am Kreuz Liebe, denn aus seinem Herzen ist sie in die ganze Welt ausgeströmt. Sie durchdringt die Schöpfung und sie ist unser innerster Grund.

Das Licht verbindet Himmel und Erde. Wir steigen auf dem Kreuz nach oben, um das Licht des Himmels zu schauen. Wir steigen nach unten, um im Grund unserer Seele den Himmel in uns zu sehen. Angelus Silesius hat es ja so schön gedichtet: »Der Himmel ist in dir. Suchst du ihn anderswo, du fehlst ihn für und für.« Mitten auf unserem Kreuzweg leuchtet der Himmel auf. Die Lichtflächen, die über den Kreuzesbalken Himmel und Erde miteinander verbinden, zeigen, dass die Liebe Jesu nicht nur auf dem Grund unserer Seele wie ein Raum der Liebe ist; sie umgibt uns auch auf unserem Weg. Wenn es mitten auf unserem Weg einmal hell wird, wenn wir uns vom Licht der Sonne umgeben fühlen, dann können wir uns vorstellen: Dieses Licht ist das Gleiche, das uns als Liebe Jesu auf dem Grund unserer Seele erfüllt. Es ist seine Liebe, zu der wir aufsteigen und von der wir im Tod für immer umgeben sein werden. Unser Weg führt von Licht zum Licht. Aber er geht durch die Dunkelheit hindurch. Es gibt auch Wegstrecken, auf denen wir das Licht nicht sehen. Dann müssen wir weitersteigen auf unserer Kreuzesleiter. Irgendwann wird dann das Licht wieder durchbrechen. Und ganz bestimmt wird es uns am Ende der Leiter erwarten.

Ich traue den Lichtflächen,
die ich auf diesem Bild sehe
und lasse das Licht in mich
eindringen. Ich stelle mir vor,
dass das Licht der Liebe Jesu
auf dem Grund meiner Seele ist,
dass es mitten im Leben ist
und gerade dort,
wo mich etwas durchkreuzt
und mir etwas in die Quere kommt,
dort, wo ich Brüche erfahre
und aufgebrochen werde.
So will ich meiner Hoffnung trauen,
dass das Licht mich
am Ende meines Weges erwartet.

Hinabsteigen in unseren Brunnen

Unser Weg auf Erden wird immer wieder unterbrochen durch den inneren Weg, der uns in der Vertikalen des Kreuzes begegnet und uns in den Grund unserer Seele führt. Dieser Grund ist gleichsam ein Brunnen, aus dem wir Liebe schöpfen. Der Weg zum Brunnen führt über manches Gesträuch. Da gibt es Dornen, da gibt es vielleicht auch Schlangen, die sich in dem feuchten Gestrüpp verbergen. Der Weg nach unten führt durch das Chaos unserer Schuldgefühle, durch die Dunkelheit unserer Depression und durch die Enge unserer Ängste. Manch einer traut sich nicht, in diese Tiefen zu gehen und lässt sich vom feuchten Gestrüpp und von den Schlangen abhalten. Er hat Angst, nach unten zu steigen, denn da ist es zunächst einmal dunkel, ähnlich dunkel wie im Geburtskanal.

Hubertus Halbfas erzählt uns die schöne Geschichte vom »Sprung in den Brunnen«: Ein Junge lädt seine Brüder ein, dass er sie an einem Seil in den Brunnen hinablasse. Aber beide Brüder schreien schon auf, als sie erst ein Viertel der Brunnentiefe erreicht hatten. Nur der jüngste Bruder hatte den Mut, ganz hinabzusteigen. Der Lehrer, der diese Geschichte erzählt, erklärt seinem Schüler, der ihn nach der Angst der beiden älteren Brüder fragt: »Nichts ist den Menschen unbekannter und erschreckender als die eigene Seele. Die meisten Menschen haben Todesängste, in das Brunnenloch zu steigen und den Abstieg zum unbekannten Seelengrund zu wagen.«

Jeder von uns kennt die Angst, in den eigenen Brunnen hinabzusteigen. Doch das Bild von Hagen Binder möchte uns Mut machen: Auf dem Weg in die Tiefe leuchtet immer schon etwas Licht von unten nach oben. Dieses Licht, das den Abstieg ab und zu erhellt, stärkt unser Vertrauen, dass es sich lohnt, in den Grund unserer Seele zu steigen. Dort unten ist reines Licht, warmes Licht, mildes Licht. In diesem milden Licht darf alles sein, da werden wir nicht bewertet oder beurteilt, da löst sich alles Dunkle und Chaotische in uns gleichfalls in Licht auf.

Manche Menschen – vor allem Borderline-Charaktere – haben Angst, in ihren Brunnen zu steigen. Sie werden von der Angst erdrückt, dass sie in der Dunkelheit ihrer Schuldgefühle steckenbleiben. Sie haben den Eindruck: Je tiefer ich in mich hineinhorche, desto dunkler und chaotischer wird es in mir. Und sie denken: Ich bin schlecht, ich bin schuldig. Doch das können sie nicht aushalten. So nippen sie nur an der Tiefe und gehen dann sofort wieder nach oben. Doch da kommen sie auch nicht zur Ruhe. Sie finden ihre Mitte nicht. Der Weg zur Mitte führt eben durch all das Chaos unseres Lebens hindurch. Wer dem inneren Chaos und der inneren Dunkelheit ausweichen möchte, gelangt nicht zum Grund seines Brunnens, in dem eine frische Quelle sprudelt. Es braucht das Vertrauen, dass sich der Weg lohnt, dass er in den lichten Raum führt, in dem wir uns geborgen fühlen, angenommen, erhellt, erleuchtet, geliebt, in dem alles sich in uns klärt, verklärt und verwandelt.

Ich sehe das Bild als Wegweiser
für den Weg in meine eigene Tiefe.
Ich weiß, es erwarten mich manche
Abschnitte, die nur dunkel sind.
Aber ich traue meinem Weg,
traue meiner Sehnsucht.
Das Dunkle wird immer schon
von Licht durchbrochen.
Und am Grunde meiner Seele erwartet
mich das reine Licht der Liebe Gottes.

Licht
aus der Tiefe

Das auf dem Grund unserer Seele leuchtende Licht strahlt auf unser ganzes Sein aus. Hier ist ein Kreuz dargestellt, das keine dunklen Balken hat. Es ist hineingestellt in ein warmes und bergendes Licht. Das helle Viereck steht für unseren Leib und für unser ganzes Leben. Wenn wir durch die Dunkelheiten unserer Kreuzungen hinabsteigen in die eigene Tiefe, in den inneren Grund der Liebe, der voller Licht ist, dann wird davon alles in uns verwandelt. Das Licht aus der Tiefe durchstrahlt den ganzen Leib.

Wir begegnen manchmal Menschen, die leuchten, die eine helle Ausstrahlung haben. Am deutlichsten nehmen wir das an den Augen wahr. Durch sie hindurch leuchtet das innere Licht und strahlt auf die Menschen aus. Jesus selbst hat die helle Ausstrahlung der Augen im Blick, wenn er sagt: »Dein Auge gibt dem Körper Licht. Wenn dein Auge gesund ist, dann wird auch dein ganzer Körper hell sein. Wenn es aber krank ist, dann wird dein Körper finster sein. Achte also darauf, dass in dir statt Licht nicht Finsternis ist. Wenn dein ganzer Körper von Licht erfüllt und nichts Finsteres in ihm ist, dann wird er so hell sein, wie wenn die Lampe dich mit ihrem Schein beleuchtet.« (Lk 11,34–36)

Das Licht, das auf dem Grund unserer Seele leuchtet, vermag nicht nur die Augen hell zu machen, sondern den ganzen Leib. Manchmal spüren wir auch, dass ein Mensch mit seinem ganzen Leib eine helle und wärmende Ausstrahlung hat. Er hat seinen Leib vom inneren Licht durchstrahlen lassen, hat nichts davor verborgen. So wird alles in ihm Licht. Aber die Bedingung dafür ist, dass er nichts vor dem Licht versteckt. Er braucht den Mut, auch seine Schattenseiten, sein inneres Chaos, seine Dunkelheit, dem Licht auszusetzen.

Nur was wir der Liebe Jesu aufdecken, kann von ihm erleuchtet werden. So sagt es Paulus im Epheserbrief: »Alles, was aufgedeckt ist, wird vom Licht erleuchtet. Alles Erleuchtete aber ist Licht.« (Eph 5,13f) Wenn wir unsere Schattenseiten, unsere verdrängte Angst, unsere unterdrückte Verzweiflung, unseren übergangenen Ärger vom Licht Jesu durchstrahlen lassen, werden sie selbst zum Licht. Und alles in uns wird das Licht Jesu ausstrahlen auf unsere Umgebung.

Ich halte alles,
was in mir an chaotischen Gefühlen,
an Ängsten, Traurigkeit, Ärger,
Neid und Schuldgefühlen auftaucht,
in das Licht Christi.
Und ich vertraue darauf,
dass alles in mir Licht werden kann,
wenn ich es nur in
das Licht Christi hineinhalte.
Und dann schaue ich die Menschen
um mich herum an mit hellem Auge,
mit einem Auge, das nicht bewertet,
sondern das das Schöne in jedem
Menschen und jedem Ding schaut.

Verletzungen und Krisen öffnen uns

Die Oberfläche unseres Lebens wird auf diesem Bild durch viele Kreuzungen verletzt. Es ist nicht nur das eine Kreuz, das unser Leben prägt. Vieles durchkreuzt unseren Weg, vieles kommt uns in die Quere. Doch diese Kreuzungen sind nicht immer nur schmerzlich, sie öffnen uns auch für eine tiefere Wirklichkeit. Gerade Leiderfahrungen brechen uns oft auf für unser wahres Selbst. Die vielen Kreuzungen auf diesem Bild werden nicht in dunklen Farben gemalt, sondern in der milden Farbe eines hellen Gelbrot. Was uns durchkreuzt, sind nicht nur Schicksalsschläge oder Krankheit, auch Menschen kreuzen unseren Weg. Oft bringen die Menschen, die uns aus der gewohnten Bahn werfen, Licht in unser Leben hinein. Sie zerbrechen die Panzer, die wir um unser Herz gelegt haben. Sie zerbrechen unsere Abwehrmechanismen. Dann verschließen wir uns nicht mehr hinter einer dunklen Fassade. Das Licht, das die Menschen so in unser Leben bringen, lässt unser ganzes Sein in einem anderen Licht erscheinen.

Mit seiner anschaulichen Sprache hat Jesus das, was das Bild auszudrücken versucht, in einem Gleichnis in Worte gefasst.

Er spricht am Beispiel eines Kaufmanns, der schöne Perlen suchte, vom Himmelreich: »Als er eine besonders wertvolle Perle fand, verkaufte er alles, was er besaß, und kaufte sie.« (Mt 13,46) Die Perlen wachsen in den Wunden der Austern. Die Wunden führen uns zur inneren Perle, zu unserem wahren Selbst, zum ursprünglichen Bild Gottes in uns.

Auf dem Bild ist der innere Raum als quadratisch dargestellt. In der Antike bildet ein Quadrat häufig den Grundriss von Tempeln und Altären. Es bezeichnet den heiligen Raum in uns, der der Herrschaft der Welt entzogen ist, in dem wir heil und ganz werden können. Für die alten Griechen vermag nur das Heilige zu heilen. Dieses Quadrat ist hier von einem milden Licht erfüllt, das die Dunkelheit vertreibt und unter den dunklen Bereichen einen Bereich in reinem Weiß erstrahlen lässt. Weiß ist die Farbe des Lichtes, der Reinheit und Vollkommenheit. Mitten unter dem Unvollkommenen in uns gibt es einen Raum, in dem wir vollkommen sind, rein und ohne Fehler und Schuld. In diesen Raum, in dem die kostbare Perle in uns aufstrahlt, wollen uns die Kreuzungen unseres Lebens hineinführen.

Wenn ich das Bild anschaue,
dann werde ich von ihm
an all die Bilder von Menschen
erinnert, die meinen Lebensweg
gekreuzt haben, die mich
aufgebrochen haben für
mein wahres Selbst, die mich
aufgebrochen haben für den
inneren Raum, in dem ich
heil bin und ganz,
in dem etwas in mir aufleuchtet,
das nicht von dieser Welt ist.

Unserem inneren Raum
auf der Spur

Licht in der
Dunkelheit

Wenn Menschen unser Leben durchkreuzen, kann unser Leben hell werden. Doch wenn Menschen uns verletzen, dann verbinden wir die Wunden, die sie uns schlagen, eher mit der Qualität von Dunkelheit. Der Schmerz verdunkelt unsere Sichtweise und lässt uns alles dunkel erscheinen. Oft hinterlässt die Verletzung in uns das Gefühl von Verlassenheit. Wir werden an alte Verletzungen erinnert, die unsere Kindheit verdunkelt haben und vor denen viele Menschen flüchten. Sie sagen: Die sind vorbei, es lohnt sich nicht, sich damit zu beschäftigen. Doch die Verletzungen, mit denen wir uns nicht ausgesöhnt haben, melden sich immer wieder zu Wort. Dann verdunkeln sie unser jetziges Leben. Auf einmal wissen wir gar nicht, warum wir so traurig sind, warum uns alles so ausweglos und dunkel erscheint.

Das Bild, das Hagen Binder gemalt hat, lädt uns auf einen anderen Weg ein. Wir sollen in die Finsternis hineingehen, die sich durch die Verletzungen unserer Lebensgeschichte in uns sich ausgebreitet hat. Wenn wir das tun, werden wir auf dem Grund der Finsternis einen hellen Raum erfahren. Das Licht leuchtet auch mitten in unserer Dunkelheit, von ihm geht ein Strahlen aus, das auch die Dunkelheit etwas aufhellt. Es braucht Mut, in die Finsternis hineinzugehen, und manche haben Angst, dort steckenzubleiben oder unterzugehen.

Johannes vom Kreuz hat den Weg durch die Dunkelheit beschrieben. Er spricht von der »dunklen Nacht der Seele«, in die wir hineingehen sollen, um den wahren Gott zu erfahren. Diese dunkle Nacht läutert unsere oft allzu glatten Gottesbilder und sie reinigt auch unser Selbstbild, das oft genug von Illusionen geprägt ist. Wir bilden uns ein, wie ideal wir sind, dabei weigern wir uns, die eigene Realität wahrzunehmen. Wir sind immer in Gefahr, ein zu schönes Bild von uns selbst zu malen, aber wenn wir durch die Dunkelheit und durch das Chaos unserer Gefühle hindurchgehen, erahnen wir, wer wir wirklich sind. Dann leuchtet uns durch die Dunkelheit hindurch unser wahres Selbst entgegen und durchbricht die dunkle Nacht meiner Seele.

Ich nehme das Bild als Spiegel
für mich selbst und wage es,
im Spiegel auf meine eigene
Dunkelheit zu schauen.
Aber ich bleibe nicht
bei der Dunkelheit stehen,
gehe in sie hinein.
Dann werde ich auf dem
Grund meiner Seele
das Licht erahnen,
das meine Nacht erhellt.

Auftauchen
aus dem Scheitern

Als ich dieses Bild von Hagen Binder anschaute, kam mir spontan der Vers aus dem Konstanzer Kreuzlied in den Sinn: »Du bist das Siegeszeichen, davor der Feind erschricket, wenn er es nur anblicket.« Aus dem dunklen unteren Teil ragt der innere Raum mit seinem warmen Licht heraus. Es scheint wie ein Siegeszeichen, das mich an die Auferstehung denken lässt, in der wir den Sieg der Liebe Jesu über den Tod feiern. Das Licht steht aus dem Grab auf und steigt aus dem Dunkel des Grabes nach oben.

Aber noch etwas können wir in diesem Bild sehen: Der vertikale Kreuzesbalken ist oben gebrochen und in diesen Spalt hinein ragt wiederum der innere Raum als Siegeszeichen, als Zeichen, dass unser Leben gelingen wird. Dort, wo in uns etwas gespalten wird, wo etwas scheitert, da gibt uns der innere Raum die Hoffnung, dass wir als Menschen nicht scheitern werden.

Das Kreuz ist Bild für das Scheitern. Auf den ersten Blick hin scheint Jesus am Kreuz gescheitert zu sein. Er konnte seine Predigt nicht fortsetzen, er konnte die Menschen nicht mehr erreichen. Aber gerade dort, wo er ohnmächtig war, wo er scheinbar gescheitert ist, vollzog sich der Sieg der Liebe über den Tod. In seinem Tod am Kreuz hat Jesus die ganze Welt erreicht mit einer Liebe, die selbst den Feinden noch vergibt. Am Kreuz hat er die ganze Welt umarmt und verwandelt.

Karl Rahner versteht das Kreuz als Bild des Scheiterns. Und Scheitern ist für ihn ein Existential des Menschen. Das Scheitern als die Differenz zwischen Anspruch und Erfüllung gehört wesentlich zu uns. Das Kreuz zeigt uns, dass wir gerade im Scheitern das Kommen Gottes, das Aufleuchten seines Lichtes, erfahren dürfen. Rahner meint, viele würden heute deswegen neurotisch, weil sie sich in ihrer Gebrochenheit selbst nicht annehmen können. Das Kreuz gibt dem Menschen den Mut, sich so anzunehmen, wie er sich erfährt, sich anzunehmen mit all dem, wogegen er ständig Protest einlegt, womit er nicht zurecht kommt, was er am liebsten nicht wahrhaben möchte, weil es sein Bild, das er von sich hat, zerbrechen würde. So befreit das Kreuz den Menschen zu sich selbst und deckt ihm seine Wahrheit auf, vor der er so gerne flieht.

Das Scheitern kann uns niederdrücken. Es kann unser Leben verdunkeln, so wie es hier auf der unteren Hälfte des Bildes erscheint. Aber es kann uns auch aufbrechen für das wahre Selbst. In dem inneren Raum, in dem Gott in uns wohnt, kommen wir auch in Berührung mit unserem wahren Selbst, mit dem ursprünglichen und unverfälschten Bild, das Gott sich von uns gemacht hat. Und dieses wahre Selbst leuchtet aus allen Brüchen unseres Lebens wie ein Siegeszeichen hervor. Es kann nicht verletzt werden. Es ist vom ewigen Licht Gottes umgeben und geschützt.

Ich lasse mich von diesem Bild
an mein Scheitern erinnern.
Wo bin ich mit mir selbst und
meinen Anstrengungen,
ein perfekter Mensch zu werden,
gescheitert?
Das Kreuz ist das Hoffnungsbild,
dass es kein Scheitern gibt,
das nicht zu einem
neuen Anfang führen kann.
So traue ich dem Kreuz
und schaue mitten in meinem
Scheitern schon den neuen Anfang,
das Licht, das in mir aufgeht.

Der Blick nach
oben

Die Bibel erzählt uns, dass Jesus sein Kreuz zur Hinrichtungsstätte trug. Die Historiker sagen uns, dass Jesus nur den Querbalken getragen hat. Denn der vertikale Balken war schon in die Erde eingerammt. Auf dem Weg zur Kreuzigungsstätte übermannte Jesus offensichtlich die Schwäche. Daher zwangen die Soldaten einen Mann aus Zyrene namens Simon, ihm den Balken zu tragen.

Die geistliche Tradition hat die Schwäche Jesu so gedeutet, dass er mit seinem Kreuzesbalken zu Boden gefallen ist. Diese Szene erkenne ich hinter dem Bild von Hagen Binder. Jesus fällt mitsamt seinem Querbalken auf die Erde, doch – so dürfen wir vertrauen – gerade dort wie ein Wurm auf der Erde liegend hat Jesus zum Vater aufgeblickt und schon innerlich das Licht der Auferstehung gesehen. Was uns die fromme Tradition des Kreuzwegs ausmalt, das können wir auch in diesem Bild schauen. Die Schwere und die Last unseres Kreuzesbalkens bleiben am Boden.

Aber wenn wir nicht nur in die Dunkelheit unseres Schmerzes hineinschauen, sondern mitten aus der Dunkelheit den Blick nach oben lenken, werden wir eine Ahnung vom Licht bekommen, das uns von oben her unseren Weg bescheint. Wenn wir mit Jesus am Boden liegen, können wir in uns wohl kaum den inneren Raum des Lichtes erkennen. Da gilt es, nach oben zu schauen und mit dem Psalmisten zu beten: »Ich hebe meine Augen auf zu den Bergen: Woher kommt mir Hilfe? Hilfe kommt mir vom Herrn, der Himmel und Erde gemacht hat.« (Psalm 121,1f) Dann – so sagt es uns das Bild – dürfen wir hoffen, dass wir nicht in den Nebel schauen, sondern von oben her uns die Hilfe kommt, die uns als Licht entgegenleuchtet.

Wenn wir unseren Blick nicht von der Finsternis verdunkeln lassen, sondern durch die Dunkelheit hindurch auf das Licht schauen, das uns von oben entgegenkommt, dann wird auch das Ganze unseres Lebens verwandelt. Auf diesem Bild ist die Verwandlung durch die Farbe blau ausgedrückt. Blau ist die Farbe der Sehnsucht. Das Licht, das wir oben schauen, erfüllt uns mit einer tiefen Sehnsucht nach Gottes Nähe und Gottes Liebe. In der Sehnsucht nach Liebe ist schon Liebe, sagt der französische Dichter Antoine de Saint-Exupéry. In der Sehnsucht nach Gott ist schon Gott. Für Augustinus bringt uns das Beten mit der Sehnsucht in uns in Berührung. Und wenn wir mit der Sehnsucht in Berührung sind, dann relativiert sich unsere Dunkelheit. Dann ist mitten in unserer Dunkelheit etwas, das diese Dunkelheit übersteigt und überwindet.

Ich erinnere mich,
wenn ich das Bild anschaue,
wo ich am Boden gelegen bin,
wo der Kreuzesbalken
mich niedergedrückt hat.
Aber ich halte meine Augen
nicht auf den Boden fixiert
und schaue mit dem Psalmisten
auf zum Himmel.
Vielleicht leuchtet mir ein Licht entgegen.
Wenn ich kein Licht sehe,
dann lasse ich die Worte aus dem
Lobgesang des Zacharias in mich eindringen.
Vielleicht verwandeln sie meine Finsternis:
»Durch die barmherzige Liebe unseres
Gottes wird uns besuchen das
aufstrahlende Licht aus der Höhe,
um allen zu leuchten, die in Finsternis
sitzen und im Schatten des Todes.«
(Lk 1,78f)

Der numinose,
göttliche Raum

Das Kreuz – so sagen es uns die Kirchenväter – verbindet Himmel und Erde. Es symbolisiert den Kreuzungspunkt zwischen oben und unten. Auch der innere Raum der Stille in uns verbindet Himmel und Erde. Hier auf dem Bild ist es ein weißer Raum, der für das ursprüngliche und reine Licht Gottes steht; aber der innere Raum ragt zugleich in unseren hier dunkel gemalten Leib hinein. Dort in unserem Leib, auf dem Grund unserer Seele erfahren wir den Raum auch als den Ort, an dem die Quelle des Heiligen Geistes in uns sprudelt und unser Leben befruchtet.

Wir haben verschiedene Bilder, um diesen inneren Raum zu beschreiben. Zunächst das Bild des Lichtes oder der Liebe: Der Raum ist ein Ort, an dem wir uns daheim fühlen, weil wir auf dem Grund unserer Seele diese tiefe Liebe spüren. Dann das Bild des Brunnens: Wenn wir uns durch das Kreuz aufbrechen lassen für den inneren Raum, dann erleben wir ihn wie einen Brunnen, in dem klares Wasser strömt. Auf dem Grund des Brunnens ist eine Quelle, die unser Leben befruchtet und die uns innere Klarheit und Frische schenkt.

Der Prophet Ezechiel spricht von der Tempelquelle, die in seiner Vision unter dem Gotteshaus entspringt. Der Tempel ist ja auch ein Bild für den heiligen Raum in uns, der der Herrschaft der Welt entzogen ist. Von dieser Quelle und dem Wasser, das sich aus ihr ergießt, sagt der Prophet: »Weil dieses Wasser dort hinkommt, werden die Fluten gesund; wohin der Fluss kommt, dort bleibt alles am Leben.« (Ez 47,9)

Auf dem Bild ist der innere Raum am Kreuzungspunkt gelegen. Er ragt in das Licht des Himmels wie in die Dunkelheit der Erde. Im Bereich des Himmels ist es ein weißer Raum, im Bereich der Erde ein heller Raum. Er erhellt unser ganzes Sein. Wenn wir das Wasser der inneren Quelle in die verschiedenen Kammern unseres Leibes und unserer Seele hineinfließen lassen, dann wird unser Leib und unsere Seele Frucht bringen. Die Dunkelheit der Erde wird zum fruchtbaren Ackerboden, auf dem die Früchte unserer Seele reifen können, damit sie andere nähren und erfreuen. Und die innere Quelle wird – so sagt uns die Stelle von der Tempelquelle bei Ezechiel – unsere Wunden heilen und sich auch auf die Menschen, denen wir begegnen, heilend auswirken.

Ich versenke mich in den inneren
Raum und versuche die Stille,
die davon ausgeht, zu erspüren.
Und dann beginne ich ein
Zwiegespräch zwischen dem
Licht des Himmels,
das mich erleuchtet,
und der Quelle,
die mich befruchtet.
Beides brauche ich für mein
Leben: das Licht, das alles
erhellt, und die Quelle,
die alles befruchtet und
gesund werden lässt.

Der innere Kern
unseres Seins

Auf diesem Bild ist unser Sein nicht dunkel gemalt, sondern in einem leichten Blau. Die Farbe erinnert mich an den Dämmerzustand. Wenn wir müde auf dem Bett liegen und die Müdigkeit zulassen, dann bekommen wir oft eine Ahnung von dem inneren Raum, der wie ein kostbarer Schatz, wie ein heller Diamant, in uns aufleuchtet. Dann denken wir nicht über das nach, was war. Wir denken auch nicht über die Kreuzungen nach, die wir in letzter Zeit erfahren haben, über die Brüche und Enttäuschungen. Wir sind einfach da mit allem, was in uns ist. Wir sind frei von allem Druck, etwas vorweisen zu müssen, wir genießen das reine Sein.

Wir lassen uns fallen in die guten Hände Gottes. Die Kreuzungen tun dann nicht weh, vielmehr entsteht die Ahnung von diesem inneren Raum auf dem Grund unserer Seele. In diesem Raum der Stille sind wir nun daheim. Er erfüllt unsere tiefste Sehnsucht nach Geborgenheit, nach Getragensein, nach Sinn und Licht in unserem Leben, nach innerer Beheimatung. In diesem Augenblick sind wir daheim.

Manchmal halte ich dann als kleines Ritual meine Hände auf die Brustmitte, dort, wo die inneren und äußeren Kreuzwege sich kreuzen. Genau dort in dieser Mitte erahne ich dann den inneren Raum der Stille. In der Müdigkeit denke ich nicht über ihn nach. Wenn ich müde bin, schlafen meine rationalen Begründungen, aber auch meine Verstandeszweifel ein. Dann bin ich einfach in meiner Mitte. Ich bin in Berührung mit diesem inneren Raum. Und dann verwandelt sich mein ganzes Leben. Ich fühle mich getragen und geborgen, von einer geheimnisvollen Liebe umgeben, aber auch von ihr durchdrungen. Sie ist der innerste Kern meines Seins. Sie ist die Quelle, aus der ich lebe. Sie ist der Zufluchtsort, an den ich mich flüchten kann, wenn ich mein Leben nicht mehr verstehe, wenn ich das Leid nicht mehr im Glauben annehmen kann. Mitten im Leid gibt es diesen inneren Zufluchtsort, zu dem wir uns immer wieder hinwenden können.

Mir kommt dann die Antiphon in den Sinn, die wir am Montag in der Vesper singen, im sechsten Ton, dem Ton des Vertrauens und der Zuversicht: »Du meine Zuflucht, o Herr. Ich berge mich in deinem Zelt und im Schutz deiner Flügel.« Dann finde ich mitten in der Dämmerung, in der ich nicht klar sehe, doch Zuflucht in dem inneren Raum der Stille.

Ich lasse mich von diesem Bild
in den Dämmerzustand der Seele führen,
in dem ich nicht mehr
rational unterscheide,
was in mir ist,
in dem ich vielmehr
– jenseits aller Verstandesgründe –
in mir den inneren Raum erahne,
in dem ich geborgen und daheim bin.
Es ist ein Raum,
der mitten in der Dämmerung
das göttliche Licht in mir
aufscheinen lässt.

Die Liebe als Grund
unseres Seins

Paulus ist überzeugt: »Die Liebe Gottes ist ausgegossen in unsere Herzen durch den Heiligen Geist, der uns gegeben ist.« (Röm 5,5) Als Grund allen Seins ist die Liebe mehr als eine heftige Emotion: Sie ist eine Qualität des Seins, eine Energie, die alles belebt und erhellt. Johannes bescheibt in seinem Evangelium, dass aus der geöffneten Seite Jesu am Kreuz Blut und Wasser herausströmen. Blut und Wasser stehen für die Liebe, die Jesus erfüllt hat, die göttliche Liebe, die ohne Grenzen ist. Jetzt in seinem Tod strömt sie in die Welt hinaus und durchdringt alles, was ist.

Pierre Teilhard de Chardin spricht hier von »Amorisation«: Vom Kreuz herab strömt die Liebe und erfüllt die ganze Welt, die ganze Materie. Es gibt seither nichts mehr, was nicht von Jesu Liebe berührt und verwandelt ist. Sie dringt aus dem offenen Herzen auch in unsere verschlossenen Herzen. So ist die Liebe Jesu Christi seit dem Kreuz unsere eigene tiefste Wirklichkeit geworden.

Der Hebräerbrief hat das zum Ausdruck gebracht, indem er formuliert, dass Jesus durch das Kreuz in das innere Heiligtum unserer Seele eingetreten ist und es mit seiner Liebe erfüllt hat. (Vgl. Hebr 6,19f) So haben wir durch Jesus die Zuversicht »in das Heiligtum einzutreten. Er hat uns den neuen und lebendigen Weg erschlossen durch den Vorhang hindurch, das heißt durch sein Fleisch.« (Hebr 10,19f)

Jesus ist durch das Kreuz hineingegangen in das wahre Heiligtum, in das Allerheiligste, das im Himmel, zugleich aber in jedem Menschen ist. In uns ist ein Raum des Allerheiligsten, in dem alles heilig und heil ist, in dem alles von Jesu Liebe erfüllt ist. Die Liebe strömt von hier in den ganzen Leib hinein und durchdringt ihn. Bei manchen Menschen spüren wir, dass sie nicht nur lieben und geliebt werden, sondern Liebe sind. Als mir einmal ein alter Mönch auf dem Berg Athos die Hand gab, da spürte ich in seiner Hand die Liebe. Sein ganzer Körper war davon erfüllt. Wenn die Liebe unseren ganzen Körper durchströmt, dann ist die Grenze zwischen Himmel und Erde aufgehoben, dann ist unser ganzer Leib zum Heiligtum Gottes geworden, zum Tempel, in dem Gottes Schönheit und Gottes Liebe wohnt.

Ich schaue dieses Bild an
und bilde es tief in mich ein.
Ich vertraue dem Bild.
Ich vertraue darauf,
dass mein Leib von Liebe
durchströmt ist.
Wenn das Bild allein
nicht genügt, mir diese
Erfahrung zu vermitteln,
dann halte ich meine Hände
als Schale Gott hin
und halte in den Händen
meinen ganzen Leib Gott hin,
damit Gottes Liebe meinen
ganzen Leib durchströmt.

Der innere Raum
als Brücke

Dort, wo unser Lebensweg an einem Kreuzungspunkt ankommt, befindet der innere Raum der Stille, ein Raum von
Licht und Wärme. Dieser Raum mitten in der Kreuzung ist
die Brücke, die Himmel und Erde miteinander verbindet. In
diesem Sinn hat das alte Kreuzeslied auch das Kreuz verstanden: »Du bist die starke Brücke, darüber alle Frommen wohl
durch die Fluten kommen.« Die Fluten stehen für die Gefah-
ren unseres Lebens, die uns wie Strudel fortreißen können
aus unserer Mitte und in denen wir dann unterzugehen dro-
hen. Das Kreuz ist die Brücke, die über die Fluten hinweg
gebaut ist, über sie kommen wir ans andere Ufer. Das meint
einmal das Ufer des Himmels, das wir im Tod erreichen. Es
meint aber auch hier im Leben schon das Ufer von Heimat
und Geborgenheit, von Vertrauen und Schutz, das wir immer wieder in den Gefährdungen unseres Lebens erfahren
dürfen, wenn wir auf das Kreuz schauen.

Brücken sind seit jeher voller Symbolik – sie verbinden, sie
vermitteln. Jesus wird vom Hebräerbrief als Hohepriester bezeichnet. Der Priester ist der »Pontifex«, der Brückenbauer,
der die Brücke zwischen Himmel und Erde baut. Das Kreuz

ist die Brücke, die Jesus für uns gebaut hat. Diese Brücke verbindet Himmel und Erde, sie verbindet rechts und links, das Bewusste und Unbewusste, das Männliche und das Weibliche – und sie verbindet uns mit den Menschen.

Das Kreuz, das Hagen Binder für uns gemalt hat, verbindet in uns Himmel und Erde, das Helle und das Dunkle. Es lässt das Licht des Himmels bis tief in unsere eigene Dunkelheit, in unsere Erdhaftigkeit hineinströmen. Dort, wo Himmel und Erde sich im waagrechten Kreuzesbalken berühren, begegnet uns die Farbe blau. Blau ist eigentlich die Farbe des Himmels, zugleich aber auch, wie schon erwähnt, die Farbe unserer Sehnsucht. Novalis spricht von der »blauen Blume« als einem Symbol für eine Sehnsucht, die ins Unendliche gerichtet ist. Die Sehnsucht – so sagen uns gerade die romantischen Dichter – macht den Wert des Menschen aus. Sie ist es, die uns nährt, nicht die Erfüllung, die nur macht satt. Die Sehnsucht zeigt uns unsere Würde: In uns ist etwas, was diese Welt übersteigt. Das Kreuz, das in uns Himmel und Erde verbindet, bringt uns in Berührung mit der Sehnsucht. Dann durchdringt das Blau der Sehnsucht auch den erdhaften Teil unseres Seins. In der Mitte der Sehnsucht, im Kreuzungspunkt ist die Sehnsucht erfüllt. Da leuchtet in der Farbe des Lichtes, der Reinheit und Vollkommenheit ein weißer Raum auf. Mitten in unserem erdhaften Sein, mitten im Chaos unserer Gefühle leuchtet ein weißer Raum auf, der uns sagt: In dir ist ein Raum, in dem du rein bist und klar, zu dem auch deine Schuldgefühle und Schuldvorwürfe keinen Zutritt haben.

Ich lasse alle Farben
auf diesem Kreuzbild
in mich eindringen.
Ich lasse das Dunkle in mir zu,
aber ich erkenne in ihr
auch schon die Sehnsucht
nach dem Licht.
Ich lasse die warme Farbe
der Liebe in mich einströmen
und das Blau meiner Sehnsucht.
Und vertraue, dass in all dem
ein weißer Raum in mir ist,
in dem ich rein bin und klar,
in dem keine Schuldgefühle
mich beunruhigen.

Unser Lebensweg
als Kreuzweg

Das Kreuz
umarmt uns

Auf diesem Bild ist der Querbalken des Kreuzes rot. Rot ist die Farbe der Liebe. Das Bild erinnert an das Wort Jesu, dass er uns vom Kreuz herab umarmt. (Vgl. Joh 12,32) Die Gebärde des Kreuzes ist die Gebärde der Umarmung. Wenn wir uns mit ausgebreiteten Händen – wie Jesus am Kreuz dargestellt wird – hinstellen, können wir uns vorstellen, dass wir die ganze Welt umarmen. Dann ist uns nichts fremd, was in der Welt ist. Alles, was wir in der Schöpfung vorfinden, in den Pflanzen, in den Tieren, auch in den wilden Tieren, das ist auch in uns. Aber es wird von der Liebe umarmt. Dadurch verliert das Wilde und Brutale seine Macht. Das ganze Chaos unseres Seins wird von Blau durchdrungen, alles in uns wird von der Sehnsucht nach Gott durchdrungen. Die Liebe verwandelt alles in uns.

Wenn wir uns in dieser Gebärde selbst umarmen, umarmen wir nicht nur die Gegensätze in uns, sondern auch alles Verletzte in uns, die Wunden unserer Kindheit, das verlassene, übersehene, zu kurz gekommene Kind, das Kind, das nie genügte, weder den Erwartungen der Eltern noch seinen eigenen. Wenn wir uns von der Liebe Christi am Kreuz umarmt wissen und uns selbst in dieser Liebe umarmen, dann wandeln sich unsere Wunden, und in ihrer Tiefe entdecken wir die kostbare Perle, den kostbaren Raum der Stille, der heil ist und ganz, in den keine verletzenden Worte eindringen können.

Als Zeichen einer umarmenden Liebe drücken die ausgebreiteten Arme auch unsere Liebe zu den Menschen aus. Wir gehen offen auf sie zu, schließen sie in unsere Arme, nehmen sie an, wie sie sind. Wenn wir den Weg der Liebe gehen, wenn wir unsere Liebe zu den Menschen strömen lassen, dann werden wir davon nicht überfordert. Manche haben Angst, dass sie dadurch ganz leer werden, wenn sie ihre Liebe zu allen Menschen strömen lassen. Doch wenn wir diese Liebe aus dem inneren Grund der Liebe zu den Menschen strömen lassen, dann verwandelt die Liebe alles in uns. Das Dunkle in uns wird durch die Liebe zu den Menschen geläutert, das Harte wird weicher, die Vorurteile lösen sich auf. Und dort, in unserer Mitte, von der aus unsere Liebe zu den Menschen strömt, erleben wir einen hellen Raum, einen geheimnisvollen Raum, in dem das Geheimnis Gottes selbst in uns wohnt, in dem die reine Liebe Gottes uns erfüllt. Weil diese reine Liebe Gottes in uns ist, kann die Liebe auch zu den Menschen strömen, ohne dass wir uns verausgaben oder überfordern. Die Liebe zu den Menschen verbindet uns mit allen Menschen. So ist dieser rote Balken ein starker Halt. Wir fühlen uns auch gehalten von den Menschen, mit denen wir uns vereint wissen. Die Liebe, die aus der inneren Quelle zu den Menschen strömt, fließt auch zu uns zurück. Sie wird nicht schwächer, sondern stärker und sie gibt uns Halt und Geborgenheit und verbindet uns mit allen und allem.

Ich meditiere dieses Bild,
indem ich mich aufrecht
hinstelle und meine Arme
waagrecht ausstrecke.
Ich stelle mir vor,
dass ich mit einer Liebe,
die aus meinem Inneren strömt,
alles Gegensätzliche, alles Chaotische
und Dunkle in mir umarme,
dass ich meine liebenden Arme
um das verletzte und beschämte Kind
in mir lege. Und ich stelle mir vor,
dass ich alle Menschen umarme.
Dann fühle ich mich eins mit ihnen
und spüre mitten unter den Menschen
diesen Raum der Liebe in mir,
in dem ich mich selbst daheim fühle,
geliebt und geborgen.

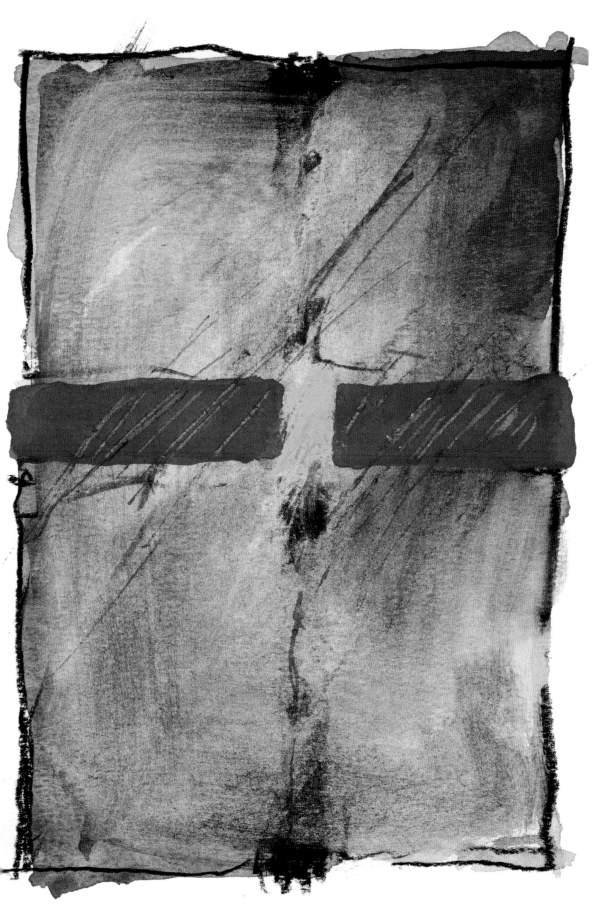

Unser Kreuz
tragen

Die Kreuzesbalken können auch zu einer dunklen Last werden, die uns niederdrückt. Das kann das Leid sein, das uns von außen erschüttert. Wir erleben dann, dass wir ein schweres Kreuz zu tragen haben. Oft zeigen sich die dunklen Kreuzesbalken aber auch als das Kreuz, das wir uns selbst sind. Wir tragen schwer an uns selbst, an unserer Empfindlichkeit und Verletzlichkeit, an unseren Ängsten und Zwängen, an unseren Stimmungsschwankungen und Depressionen. Jesus fordert uns auf, das Kreuz auf uns zu nehmen und es zu tragen. (Vgl. Mk 8,34)

Das Kreuz auf sich zu nehmen bedeutet, Ja zu sagen zu uns mit all unseren Gegensätzen, mit all dem, was uns bedrückt. Johann Sebastian Bach hat eine Kantate komponiert, in der der Bass als erste Arie singt: »Ich will den Kreuzstab gerne tragen, er kommt von Gottes lieber Hand. Der führt mich nach meinen Plagen zu Gott, in das gelobte Land. Da leg ich den Kummer auf einmal ins Grab. Da wischt mir die Tränen mein Heiland selbst ab.« Bach, der persönlich viel Leid erfahren hat, hat in dieser Kantate seinen Glauben zum Ausdruck gebracht, dass das Kreuz ihn in das Gelobte Land führt und dass Jesus selbst ihm seine Tränen abwischt. Wir dürfen diesen Text aber auch so verstehen – und das möchte uns das Bild zeigen –, dass das Gelobte Land uns schon jetzt begegnet, dass mitten im Kreuztragen der innere Raum des Lichts aufleuchtet, in dem wir schon jetzt im Himmel sind. Dort, in diesem inneren Raum – so sagt uns Jesus – ist das Reich Gottes schon in uns. (Vgl. Lk 17,21) Und dort, wo das Reich Gottes in uns ist, sind wir frei von allem Leid.

Das Bild des Reiches Gottes können wir uns – wie Johann Sebastian Bach – auch persönlicher vorstellen: Es ist der Raum, in dem Jesus uns die Tränen abwischt und wir allen Kummer begraben dürfen. Mitten auf unserem Kreuzweg dürfen wir immer wieder schon den Ort in uns erfahren, zu dem der Schmerz, das Leid, die Angst, die Depression nicht vordringen können. Dort ist jetzt schon der Himmel in uns. Von ihm geht ein Licht aus, das über all unseren Kreuzwegen aufleuchtet und sie erhellt. Wir gehen unseren Kreuzweg unter dem liebenden Blick Gottes. Auch wenn uns das Kreuz niederzudrücken scheint – nichts geschieht, ohne dass wir von Gottes Liebe umgeben und eingehüllt sind, nichts geschieht, ohne dass in uns dieser unberührte und unbeschädigte Raum des inneren Lichtes uns stärkt und die Überwindung allen Leids verheißt.

Ich stelle mich nochmals aufrecht
hin und strecke meine Arme aus.
Wenn ich lange mit
ausgestreckten Armen stehe,
spüre ich auch die Schwere.
Vielleicht möchte ich die Arme
gleich wieder sinken lassen.
Dann halte ich es aus,
in dieser Haltung zu stehen.
In aller Schwere ahne ich dann in
mir auch die Freiheit,
die Weite, den stärkenden Raum
auf dem Grund meiner Seele.

Fallen unter
dem Kreuz

Die christliche Tradition des Kreuzweges kennt vierzehn Stationen. Die Vierzehn ist die Zahl der Heilung, schon assyrische Könige verweisen auf vierzehn helfende Götter und wir kennen vierzehn christliche Nothelfer. Die vierzehn Kreuzwegstationen wollen verschiedene Nöte unseres Lebens, unseres Kreuzwegs, betrachten und verwandeln. Die neunte Station heißt: »Jesus fällt zum dritten Mal unter dem Kreuz«. Künstler haben dieses dritte Fallen oft als Ausdruck großer Verzweiflung und Schwäche verstanden. Jesus scheint vom Kreuz erdrückt zu werden. Er hat keine Kraft mehr, um von diesem Fall aufzustehen. Alles scheint über ihm zusammenzubrechen. Das sind Erfahrungen, die wir alle kennen. Immer wieder fallen wir. Jedes Mal nehmen wir uns vor, nie wieder zu fallen, und dann fallen wir tiefer als je zuvor. Und aus Enttäuschung über das erneute Fallen und aus Scham über unsere eigene Schwäche möchten wir am liebsten liegenbleiben und nie wieder aufstehen.

Das Bild von Hagen Binder könnte eine moderne Darstellung dieses dritten Fallens Jesu sein. Ganz schwarz ist der Kreuzesbalken, der die Erde berührt. Auf unsere Seele legt sich ein dunkler Schleier. Wir sehen keinen Ausweg, haben keine Kraft mehr, haben Angst, unser Leben nicht zu schaffen, möchten am liebsten liegenbleiben. Es hat ja doch keinen Sinn, aufzustehen und wieder hinzufallen. Wer zum dritten Mal fällt, der hat die Hoffnung verloren, dass sein Fallen nur ein Ausrutscher war. Er bekommt es mit der Angst zu tun, dass er immer wieder fallen wird. Irgendwann wird er liegenbleiben. Er fragt sich, ob es überhaupt Sinn hat, weiterzuleben. Da kommen Gedanken in ihm hoch, seinem Leben ein Ende zu setzen. So tief sind die Verzweiflung und die Hoffnungslosigkeit.

Doch inmitten dieser Aussichtslosigkeit und Einsamkeit des Fallens leuchtet am Kreuzungspunkt ganz hell der innere Raum auf. Er ist hier sehr groß gezeichnet: Gerade dort, wo wir keine Hoffnung mehr haben, braucht es die Erfahrung eines großen inneren Zufluchtsortes, in dem wir uns mitten in unserer Schwäche und Ohnmacht bergen können. Um diesen Raum der Liebe herum erhellen rote Flächen das dunkle Bild. Hier scheint das Rot aber nicht so sehr die Liebe zu symbolisieren, sondern vielmehr den Schmerz. Wer so tief fällt, dessen Herz wird von heftigen Schmerzen heimgesucht. Aber dieser Schmerz kann in den inneren Raum nicht eindringen. Der innere Raum besitzt ein klares gelbes Licht, das die Liebe Gottes zum Ausdruck bringt. So können wir, selbst wenn wir auf dem Boden liegen und noch keine Kraft in uns spüren aufzustehen, dort, wo uns Hoffnungslosigkeit niederdrückt, darauf vertrauen, dass in uns dieser helle Raum der Liebe ist. Er vermag uns Halt zu geben, gerade dort, wo wir allen inneren und äußeren Halt verloren haben. Manchmal ist es gerade der Schmerz, der uns für den inneren Raum aufbricht, der uns dazu drängt, noch tiefer in uns hineinzugehen, durch alle Schmerzen hindurch, bis wir auf dem Grund unserer Seele diesen heilen und hoffnungsvollen Raum der Liebe entdecken. In diesem Raum sind wir geschützt von allen selbstzerstörerischen Gedanken. Das helle Licht schenkt uns Hoffnung und Zuversicht.

Ich lasse mich von diesem
Bild einladen, all meine
Erfahrungen von Verzweiflung
und Hoffnungslosigkeit, von Schwäche
und Ohnmacht, von Scheitern
und Niederlagen zuzulassen.
Aber ich halte in alle
diese Erfahrungen den großen
hellen Raum der Liebe hinein.
Oder ich stelle mir vor,
dass ich durch all meine Schmerzen
hindurchgehe und auf dem Grund meiner
Seele diesen Raum entdecke, in dem
die Liebe alle meine Wunden heilt.

Auf dem
Grund liegen

Je stärker uns die Last zu Boden drückt, desto deutlicher können wir darauf vertrauen, dass uns unser innerer Raum Grund und Halt geben kann. Es ist das Paradox: Das Kreuz drückt uns nieder, wir fallen zu Boden, es durchkreuzt unsere Wege. Wir haben gedacht, wir könnten gut so weiterleben wie bisher. Auf einmal trifft uns eine Krankheit. Wir fangen uns einen Virus ein, der uns völlig schwächt. Nichts geht mehr so wie bisher. Wir beginnen zu jammern. Warum muss das so sein? Warum diese Krankheit? Warum der Verlust der Arbeitsstelle? Warum der Tod eines lieben Menschen? Doch manche Menschen machen gerade in so einer Situation die Erfahrung, dass sie trotz allem Erdrückenden getragen sind. In ihrem Inneren leuchtet dann der Raum der Stille und der Liebe auf. Es ist ein Raum, in dem sie sich – am Boden liegend – zurückziehen können wie an einen Zufluchtsort. Dort sind sie geschützt vor den Selbstvorwürfen, vor den quälenden Fragen nach dem Warum, vor dem jammernden Selbstmitleid. Wer sich mit Gewalt gegen das Fallen zu schützen versucht, wer sich dagegenstemmt, der wird den inneren Raum nicht erfahren. Wer sich in sein Fallen, in sein Geschick ergibt, der kann auf dem Grund seiner Seele bei aller Ohnmacht und Hilflosigkeit diesen inneren Raum wahrnehmen. Es ist immer ein Geschenk, wenn wir ihn spüren; aber allein schon die Bilder, die von dieser Erfahrung sprechen, und die Vorstellung, dass dieser Raum auch unter unserem Chaos, unter unserer Dunkelheit und Verzweiflung vorhanden ist, verwandelt die Situation. Wir ahnen etwas von diesem inneren Raum, nach dem sich jeder Mensch sehnt. Wenn ich davon spreche, dann spüre ich, dass die Menschen davon berührt sind. Sie wären es nicht, wenn sie nicht schon eine Ahnung von diesem inneren Raum hätten.

Hagen Binder hat die Bilder aus eigenem oder miterlebtem Leid heraus gemalt und sich darin in diesen inneren Raum hineinmeditiert – das hat sein Malen verwandelt. Es hat seinen Bildern Hoffnung geschenkt, dass da in aller Dunkelheit und in allem Fallen und in allem Niederdrückenden immer dieser Raum voller Liebe ist, die auch noch das größte Leid verwandelt. Die Bilder wollen den Betrachter auf seinem persönlichen Weg und bei all den Leiderfahrungen, die er auf diesem Weg macht, nach innen öffnen, damit er im Grund seiner Seele den Raum der Stille und der Liebe, der Hoffnung und der Zuversicht erahnt. Wenn wir am Boden liegend diesen inneren Raum in uns erahnen oder erfahren, dann verwandelt sich unsere ganze Selbstwahrnehmung. Im Bild ist das dadurch ausgedrückt, dass alles von roten und blauen Tönen durchdrungen ist. Nur noch am Boden findet sich das Schwarz. Es hat sonst kaum mehr Macht über unsere Seele, die wie unser Leib durchdrungen ist vom Licht der Liebe, das aus dem inneren Raum in den ganzen Leib strömt. Das Licht drückt sich aus in blauen Tönen der Sehnsucht und in roten Tönen der Liebe. Die Gesamtwahrnehmung hellt sich auf, unser Leib wird von Hoffnung und Zuversicht, von Freiheit und Weite geprägt.

Dieses Bild erinnert mich an
einen Raum, in dem ich mich
von Licht umgeben weiß.
Das Licht in meinem inneren
Raum will alles in mir erhellen.
Ich trau dem Licht in mir
und stelle mir vor, dass bei jedem
Atemzug dieses innere Licht
in alle Poren meines Leibes
und meiner Seele eindringt
und alles mit Wärme
und Liebe erfüllt.

Aufstehen –
Auferstehen

Der am Boden lag, hat sich wieder aufgerichtet. Er ist auferstanden. Das Kreuz ist nicht das letzte Wort, es ist der Durchgang zur Auferstehung. So zeigt es uns das Kreuz Jesu Christi. Es gibt uns Hoffnung, dass wir nicht am Boden liegenbleiben. Wenn wir um diesen inneren Raum der Stille wissen, um diese Quelle innerer Kraft, dann können wir uns aufrichten. Wir stemmen dafür das Kreuz nicht mit letzter Anstrengung nach oben, vielmehr ist unser ganzer Leib von Liebe erfüllt und richtet sich von alleine auf. Das Kreuz ist immer noch da, es erscheint in dem schwarzen Balken immer noch als schwer. Aber es verliert seine Kraft über uns. Die Auferstehung Jesu gibt uns den Mut, selbst aufzustehen aus allen Niederlagen, aus allem Scheitern, aus jeder Schwäche. Wir stehen auf aus dem Grab unseres Selbstmitleids und unserer Resignation, aus dem Grab unserer Empfindlichkeit und unserer Depression. Aus dem Grab aufstehen bedeutet auch: uns von unserer Zuschauerrolle zu verabschieden und Verantwortung für unser Leben zu übernehmen, ins Leben hineinzutreten und diese Welt zu gestalten aus dem Geist der Hoffnung und Liebe heraus.

Die Liebe mit ihrer starken roten Farbe ist hier voller Energie. Sie trägt das Kreuz, ohne dass wir uns mit aller Kraft dagegen auflehnen müssen. Auferstehung bedeutet, dass wir aufstehen aus allem, was uns niederdrückt. Wir stehen auf gegen alles, was uns am Leben hindern möchte. Es ist kein gewaltsamer Aufstand, sondern ein Aufstand der Liebe.

Ohne dass er uns nach unten zu drücken vermag, wird der schwarze Balken gleichsam spielend von unserer Liebe getragen. Die Liebe, die eine solche Kraft hat, fließt aus dem inneren Raum in uns ein. Es ist die Liebe, die uns die Auferstehung Jesu Christi vor Augen führt: eine Liebe, die stärker ist als der Tod, die am Tod keine Grenze erfährt.

Der Ort dieser Liebe ist auf diesem Bild der Kreuzungspunkt. Er ist oben. Wir würden ihn in unserem Herzen verorten, aber wir können den Ort der inneren Liebe nicht im Körper festmachen. Manchmal stellen wir uns vor, dass er auf dem Grund unserer Seele liegt. Dann haben wir das Bild, dass er in unserem Beckenraum liegt unter allen Emotionen und Bedürfnissen. Ein andermal stellen wir uns diesen Raum der Liebe in unserem Herzraum vor. Jeder soll der Vorstellung folgen, die jetzt gerade seiner konkreten inneren Lage entspricht und die ihn anspricht.

Ich lasse das Rot des Bildes
tief in mich eindringen
und vertraue darauf, dass in mir
eine Liebe ist, die stärker ist
als der Tod.
Und ich stelle mir vor,
dass diese Liebe meinen ganzen
Leib durchdringt und dass die
Liebe mich aufrichtet.
Von Liebe durchflutet
kann ich aufrecht
und aufgerichtet
meinen Weg gehen.
Und nichts vermag mich mehr
nach unten zu drücken.

Das Kreuz wird
zum Licht

Das ganze Kreuz ist nun Licht geworden und war doch der Ort tiefster Finsternis. An ihm hat sich die Bosheit der Menschen ausgetobt. Die Feigheit, der Neid, die Brutalität, das Machtbedürfnis, all das wurde am Kreuz ausagiert. Aber Jesus hat diese Bosheit mit seiner Liebe überwunden. So brachte das Kreuz für die frühen Christen Licht in unsere Dunkelheit und wurde zum Strahlenkreuz. Es wurde zum Symbol für die Sonne der Auferstehung, die alles in uns erleuchtet und alle Dunkelheit vertreibt. Nun durchdringt die Liebe, die sich am Kreuz vollendet, den ganzen Menschen. Das Kreuz selbst wird zum Licht, aber es wird für uns auch zum Weg, der uns in den inneren Raum hineinführt, der vom Licht der Liebe Jesu erhellt ist. Das Kreuz bahnt sich mit seinem Licht der Liebe einen Weg durch das dunkle Chaos unserer Seele, damit auch unser Bewusstsein den lichtvollen Raum auf dem Grund unserer Seele erkennen kann.

Es gibt eine Wechselwirkung: Das Lichtkreuz Jesu führt uns in den inneren Raum des Lichtes. Auf dem Bild strömt das Licht von oben her durch das Kreuz in unseren Leib und unsere Seele ein. Aber umgekehrt gilt auch: Das Licht, das im Innenraum der Stille in uns leuchtet, überstrahlt das Kreuz. Das Kreuz ist Licht geworden und hat seine Schwere und Dunkelheit verloren, weil der innere Raum des Lichtes alles, was unser Leben durchkreuzt, von innen her durchstrahlt und verwandelt.

In der Matthäuspassion besingt der Bass in der Person des Simon von Cyrene das süße Kreuz: »Komm, süßes Kreuz, so will ich sagen. Mein Jesu, gib es immer her! Wird mir mein Leiden einst zu schwer, so hilfst du mir es selber tragen.« Das Lichtkreuz Jesu hilft uns, unser Leid zu tragen. Das Licht der Liebe Jesu verwandelt unser Kreuz in einen lichten Weg. Überall auf unseren Kreuzwegen sind wir vom Licht Christi umgeben. Und dieses Licht ermöglicht es uns, das Kreuz auf uns zu nehmen, ohne Angst, dass wir darunter zerbrechen werden. Denn das Licht der Liebe ist stärker als die Dunkelheit, die manchmal unsere Seele überfallen möchte. Es schenkt uns selbst dort Geborgenheit, wo das Kreuz uns zu zerbrechen scheint.

Ich betrachte in dem Bild meine
Kreuzerfahrungen, meine Brüche,
die schweren Kreuzwege,
die ich gegangen bin.
Und dann stelle ich mir vor:
Auf all meinen Kreuzwegen,
immer dort, wo das Kreuz mich
niedergedrückt hat, war auch
die Liebe Jesu um mich.
Sie hat alles erleuchtet.
Ich vertraue der Hoffnung,
dass es auch in Zukunft für mich
keinen Kreuzweg geben wird,
der nicht von der Liebe Jesu
erhellt und umstrahlt wird.

Ausgespannt
in der Liebe leben

Das Kreuz steht für die Einheit aller Gegensätze, es verbindet Himmel und Erde, Gott und Mensch miteinander. In seiner äußeren Gestalt führt es alle vier Himmelsrichtungen zusammen und alles, was in uns auseinanderzustreben sucht. Wenn wir uns fragen, woher das Kreuz diese Kraft hat, alles zusammenzubinden, was so gegensätzlich ist, dann stoßen wir auf die Liebe. Sie hat die Kraft, die verschiedenen Pole in uns zu vereinen, die Liebe zwischen Mann und Frau etwa verbindet alles Gegensätzliche in ihnen.

So zeigt auch das letzte Bild von Hagen Binder, dass es das Licht der Liebe ist, das alles in uns verbindet. Das Licht strömt von oben her in uns ein. Auf dem letzten Bild ist daher der vertikale Balken des Kreuzes besonders betont. Von oben her, von Gott her, vom Himmel her strömt die Liebe im Kreuz Jesu in uns ein und führt uns bis in den inneren Raum der Liebe auf dem Grund unserer Seele. Aber auch die vier gegensätzlichen Bereiche in uns werden zusammengehalten. Hier ist es links oben der dunkle Bereich, das Chaotische in uns, das wir nicht verstehen und nicht zu durchdringen vermögen. Rechts oben ist unser Bewusstsein schon von Liebe erfüllt. Die Liebe des Kreuzes durchdringt auch unsere Gedanken und Gefühle und verwandelt unsere Sichtweise. Wir schauen mit Augen der Liebe auf die anderen Menschen. Unten links ist der Bereich des Unbewussten. Er ist hier mit dunklen, aber auch grünen Farben gemalt. Er steht für das fruchtbare Erdreich unserer Seele.

Für C. G. Jung ist das Unbewusste auch eine Lebensquelle, aus der wir unsere Kreativität schöpfen und die das Wachsen unserer Person befruchtet. Rechts unten ist der Bereich des Unbewussten schon von Liebe durchströmt. Das gibt uns Hoffnung. Wir müssen nicht einfach nur glauben und im Glauben alle Zweifel des Verstandes überwinden. In der Tiefe unseres Unbewussten zeugt das Licht davon, dass der Glaube an die Auferstehung, an den Sieg der Liebe, dort verankert ist. Wir müssen uns den Glauben nicht abringen, ihn nicht mühsam erwerben. Er entspricht der tiefsten Ahnung unserer Seele. Jeder Mensch kennt in sich die Sehnsucht nach der Auferstehung, die Sehnsucht aufzustehen aus Angst und Dunkelheit. Unsere Seele ist – wie schon Tertullian gesagt hat – in ihrem innersten Wesen zutiefst christlich, das heißt auf Auferstehung hin ausgerichtet. Auf dem Grund unserer Seele ist Licht, ist Liebe, die stärker ist als der Tod. Wenn wir auf dieses Bild schauen, können wir darauf vertrauen, dass selbst in dunklen Zeiten und in den Kreuzungen unseres Lebens ein Licht in uns ist, eine Liebe, die uns die Hoffnung schenkt, dass am Ende die Liebe steht und nicht der Hass, das Licht und nicht die Dunkelheit, die Auferstehung und nicht das Kreuz.

Ich stelle mir vor, wie das Licht,
das durch das Kreuz Jesu Christi
in mich eindringt,
alles in mir miteinander verbindet,
was ich nicht zusammenbringe:
meine Liebe und meine Aggression,
meinen Glauben und meinen Unglauben,
meine Kraft und meine Schwäche,
meine Ruhe und meine Unruhe,
das Helle und das Dunkle in mir.
Und ich will darauf vertrauen,
dass die Liebe Christi
alles in mir durchdringt,
vereint und verwandelt.

GELEITWORT

Impuls für den eigenen Lebensweg

Wir haben die einundzwanzig Bilder von Kreuz und Kreuzungen, vom inneren Raum voller Licht und Liebe, meditiert. Jeder wird mit den Bildern andere Erfahrungen machen. Sie werden uns an das erinnern, was wir selbst erlebt haben. Aber die Bilder wollen sich uns auch einbilden, sich in uns abbilden, und uns durch alle Erfahrungen hindurch mit der Hoffnung in Berührung bringen, die auf dem Grund unserer Seele bereitliegt. Platon, der größte griechische Philosoph, versteht Bildung so, dass wir uns die guten Bilder, die Ideen, die von Gott stammen, in uns einbilden. Diesen Gedanken haben die Kirchenväter aufgegriffen.

Wir sollen das Bild Christi in uns einbilden. Dann kommen wir in Berührung mit unserem wahren Selbst. Christus ist das Bild des wahren Selbst. Ein wichtiges Bild für Christus ist aber das Kreuz. Indem wir das Kreuz in uns einbilden, erkennen wir unser wahres Wesen und zugleich den Weg unserer Erlösung und Heilung. Ein anderes zentrales Bild von Christus ist der Tempel, er ist der wahre Tempel, er hat den Tempel von Jerusalem abgelöst. Dieser Tempel ist in uns. Wir selbst sind der Tempel, in dem Gott wohnt mit seiner Liebe und seinem Licht. Die Bilder Christi, die Bilder vom Kreuz und vom Tempel – dem inneren Raum der Stille in uns – wollen sich so in uns einbilden, dass der Betrachter das Bild vom inneren Raum in sich entdeckt, in allen Kreuzungen seines Lebens, in seinen Brüchen und in seinem Scheitern.

So wünsche ich Ihnen, liebe Leserinnen und Leser, liebe Betrachter der Bilder, dass Sie in diesen Bildern Ihr Leben erkennen mit allen Dunkelheiten und Ängsten, mit Verzweiflung und Hoffnungslosigkeit, mit Brüchen und Scheitern, aber dass Sie in all diesen Brüchen und Kreuzungen immer auch den inneren Raum in sich entdecken. In ihn können Sie sich zurückziehen, in ihm sind Sie geschützt und geborgen, in ihm finden Sie mitten in den Turbulenzen des Lebens Heimat, einen Zufluchtsort, an den Sie sich immer flüchten können, wenn etwas in Ihrem Leben zu bedrohlich wird. Und ich wünsche Ihnen, dass das Licht, das in diesen Bildern gegen Ende immer mehr zunimmt, auch Ihre Seele immer mehr durchdringt, alles in Ihnen erleuchtet und erhellt, sodass Sie selbst zum Licht und zum Segen werden dürfen für andere. Denn: »Alles, was aufgedeckt ist, wird vom Licht erleuchtet. Alles Erleuchtete aber ist Licht. Deshalb heißt es: Wach auf, du Schläfer, und steh auf von den Toten, und Christus wird dein Licht sein.« (Eph 5,13f)

Zitierte Literatur

Otto Friedrich Bollnow
Mensch und Raum, Stuttgart, 11. Aufl. 2002.

Hubertus Halbfas
Der Sprung in den Brunnen, Ostfildern, 18. Aufl. 2011.

Carl Gustav Jung
Gesammelte Werke, 20 Bände, Ostfildern 2011–2015.

Anselm Grün
Erlösung durch das Kreuz – Karl Rahners Beitrag zu einem heutigen Erlösungsverständnis, Münsterschwarzacher Studien Band 26, Münsterschwarzach 1975. [Dissertationsschrift]

Anselm Grün
Das Kreuz – Bild des erlösten Menschen, Münsterschwarzacher Kleinschriften Band 99, Münsterschwarzach, 5. Aufl. 2008.

Anselm Grün
Biblische Bilder von Erlösung, Münsterschwarzacher Kleinschriften Band 81, Münsterschwarzach, 5. Aufl. 2013.

Evagrius Ponticus
Briefe aus der Wüste, eingeleitet, übersetzt und kommentiert von Gabriel Bunge, Weisungen der Väter Band 18, Beuron, 2. Aufl. 2013.

Karl Rahner
Abhandlung »**Seht, welch ein Mensch!**«, in: Geist und Leben 28, Heft 1 (Nr. 122), Würzburg 1955. [online verfügbar unter: http://gul.echter.de/component/docman/doc_download/1253-28-1955-1-001-003-rahner-0.html]

Bildnachweise

Alle Bilder von Hagen Binder

Annäherung

Seite 9
Kreuzraum • 11 x 17 cm • Bleistift • 1993

Seite 14
Lebenskreuze • 15 x 19 cm • Bleistift • 1997

Seite 24
Innerer Raum • 11 x 17 cm • Bleistift • 1993

Seite 29
Bewegtes Kreuz • 48 x 65 cm • Kohle • 1997

Meditationen

Seite 37
Kreuzbetrachtung • 22 x 30 cm • Farbtusche, Kohle • 2007

Seite 41
Durchkreuzter Mensch • 19 x 26 cm • Farbtusche • 2007

Seite 45
Kreuzmeditation • 50 x 70 cm • Farbtusche, Kreide • 2005

Seite 49
Kreuzesleiter • 50 x 70 cm • Farbtusche • 2005

Seite 53
Durchgang zum Inneren Raum • 25 x 35 cm • Farbtusche • 2006

Seite 57
Durchgang zum Inneren Raum • 18 x 25 cm • Aquarell • 2014

Seite 61
Durchgang zum Inneren Raum • 40 x 60 cm • Acryl, Kohle • 2006